Lucio Dalla

ACCORDI FACILI PER CHITARRA & TASTIERA

4 marzo 1943

LUCIO DALLA Storie di casa mia - 1971

G Em G

G   **D**
Dice che era un bell'uomo e veniva, veniva dal mare
       D   **G**
Parlava un'altra lingua però sapeva amare
      G   **D**
E quel giorno lui prese a mia madre sopra un bel prato
     D   **G Em G**
L'ora più dolce prima di essere ammazzato

      G   **D**
Così lei restò sola nella stanza   la stanza sul porto
        D   **G**
Con l'unico vestito   ogni giorno più corto
      G   **D**
E benché' non sapesse il nome   e neppure il paese
    D   **G Em G**
Mi aspettò come un dono d'amore fin dal primo mese, mmm, mmm

     G   **D**
Compiva sedici anni quel giorno la mia mamma
       D   **G**
Le strofe di taverna   le cantò la ninna nanna
      G   **D**
E stringendomi al petto che sapeva, sapeva di mare

       D   **G**   **Em** **G**

Giocava a far la donna   con il bimbo da fasciare

(+1 semitono)

            G#   **D#**

E forse fu per gioco   o forse per amore

         D#   **G#**

Che mi volle chiamare   come nostro Signore

       G#   **D#**

Della sua breve vita il ricordo   il ricordo più grosso

         D#   **G#**

È tutto in questo nome che io mi porto addosso

         G#   **D#**

E ancora adesso che gioco a carte e bevo vino

        D#   **G#**

Per la gente del porto mi chiamo   Gesù bambino

         G#   **D#**

E ancora adesso che gioco a carte e bevo vino

        D#   **G#**

Per la gente del porto mi chiamo   Gesù bambino

         G#   **D#**

E ancora adesso che gioco a carte e bevo vino

                D#

Per la gente del porto mi chiamo...

             G# **Fm**

Gesù bambino

           G# **Fm**

ANGELI

LUCIO DALLA Lucio Dalla - 1979

G Em G Em
Angeli,
C Am C Am
angeli,
G Em G Em G Am D   G Em G Em
siamo angeli

G
Lasciare l'Italia per andare a Lugano
G
E toccarsi sempre con la stessa mano
Am   C
Come estero una truffa, questo lago fa paura
G   Am   D   G Em G Em
Ci sono tante banche, serve un samba, una strega, una fattura

G
Le tre di notte non so dove sputare
G
È così pulito che non si può sporcare
Am   C
Dal locale esce uno sbronzo che si annoia
G
Non è solo, guarda un po'
Am   D   G Em G Em
Anche a Lugano hanno una troia

C
Lo spogliarello in quel locale di Lugano

G
lo fa una donna col suo barboncino nano
C
vanno in albergo per studiare nuove mosse
G   **Am**   **D**   **G** **Em**
la ragazza è libanese il barboncino è di Torino e ha un po' di tosse

G **Em**
angeli
C **Am** **C** **Am**
angeli
G **Em** **G** **Em** **G** **Am** **D** **G Em G Em**
siamo angeli

G
Una guardia o un generale, non si capisce bene
G
Mi guarda male butto via la cicca e quello sviene
Am   **C**
Sta per farmi la morale ma mi faccio perdonare
G
Perché raccolgo la cicca appena accesa
Am   **D**   **G** **Em** **G** **Em**
La metto in tasca e comincio a fischiare

G
Fischio piano perché è quasi mattina
G
Da una pizzeria esce uno di Messina
Am   **C**
Hai tacchi alti e un grembiule ancora in mano

     G   **Am**
Sembra stanco e molto triste, te lo credo

    D   **G Em G Em**
Fa la pizza qui a Lugano

        C
Da poco tempo è venuto a lavorare
        G
Dice che è dura ma si può anche abituare
        C
Ed è contento a non far niente la mattina
  G   **Am**   **D**   **G Em G Em**
E con la moto va a vedere, dove abita la Mina

   C Am C Am
Angeli, angeli,
G Em G Em G Am D   G Em G Em
siamo angeli

        G
Un vecchio alto che assomiglia a Garibaldi
        G
È sulla strada la pulisce è molto tardi
    Am   **C**
Si ferma con la scopa sotto il mento
 G   **Am** **D**   **G Em G Em**
Poi alza gli occhi verso il cielo e con il dito sente il vento

       C
Muore la notte quando il vecchio con la scopa

G

La butta in cielo e torna il sole sull'Europa

C

E tutti quanti lascian lì di lavorare

G   Am   D   G Em G

È uno spettacolo vedere, vedere gli angeli volare

Em   C Am C Am

Angeli, angeli,

G Em G Em G Am D

quanti angeli.

G Em G Em G

ANNA E MARCO

LUCIO DALLA Lucio Dalla - 1979

      G   **Am**

Anna come sono tante   Anna permalosa

   C   **D**   **G**

Anna bello sguardo, sguardo che ogni giorno perde qualcosa

    G   **Em**   **C**

Se chiude gli occhi lei lo sa   stella di periferia

   D   **G C Bm**

Anna con le amiche   Anna che vorrebbe andar via

   G   **Am**

Marco grosse scarpe e poca carne Marco cuore in allarme

   C   **D**   **G**

Con sua madre e una sorella poca vita, sempre quella

   G   **Em**   **C**

Se chiude gli occhi lui lo sa lupo di periferia

   D   **G**

Marco col branco Marco che vorrebbe andar via

   D   **Am**

E la luna è una palla ed il cielo un biliardo

   D   **Am**

quante stelle nei flipper, sono più di un miliardo

```
       Cm        D    Am    D
Marco dentro ad un bar   non sa cosa farà

    D      C                      G   C Bm C
Poi c'e' qualcuno che trova una moto: si può andare in città


                        G
Anna bellosguardo non perde un ballo

              G        Am
Marco che a ballare sembra un cavallo

              C              D
In un locale che è uno schifo, poca gente che li guarda,

              D      G
C'e' una checca che fa il tifo

      G        Em              C
Ma dimmi tu dove sarà   dov'è la strada per le stelle

              D                G
Mentre parlano si guardano e si scambiano la pelle


        G              Am
E cominciano a volare   con tre salti sono fuori dal locale

            C        D        G
Con un'aria da commedia americana, sta finendo anche questa settimana

        G        Em              C
Ma l'America è lontana dall'altra parte della luna
```

```
            D                              G
Che li guarda e anche se ride   a vederla mette quasi paura

                 D                    Am
E la luna in silenzio ora si avvicina

                 D                    Am
Con un mucchio di stelle cade per strada

            Cm      D    Am       D
Luna che cammina     luna di città

      D         C                        G
Poi passa un cane che sente qualcosa, li guarda, abbaia e se ne va


                 G                    Am
Anna avrebbe voluto morire   Marco voleva andarsene lontano

         Am             D        G
Qualcuno li ha visti tornare tenendosi per mano
```

APRITI CUORE

LUCIO DALLA Cambio - 1990

C   Am F   G   (X2)

       C   Am

In questa notte calda di ottobre, apriti cuore

       F   G

non stare lì in silenzio senza dir niente

       C   Am

non ti sento, non ti sento, da troppo tempo non ti sento

       F   G

e ti ho tenuto lontano dalla gente

     Em   Am

Quanti giorni passati senza un gesto d'amore

     Em   Am

con i falsi sorrisi e le vuote parole

     Em   Am

ho perfino pensato in questa notte di ottobre

     A#   Am

di buttarti via, di buttarti via

```
        C    Am  F   G


        C                        Am
Ah lo so che il cuore non è un calcolo freddo e matematico

        F              G
lui non sa dov'è che va sbaglia si ferma e riprende

        C                        Am
e il suo battito non è logico, è come un bimbo libero

        F              G
appena dici che non si fa lui si volta e si offende



        Em              Am
Non lasciarlo mai solo come ho fatto io

    Em                  Am
lascia stare il potere e il denaro che non è il tuo Dio

        Em          A
o anche tu rimarrai senza neanche un amico.



    C    Am      F       G
Cambierò, cambierò, apriti cuore ti prego fatti sentire

        C    Am
Cambierò, tornerò come un tempo
```

F

padrone di niente, di niente, di niente

A#

di niente, di niente, di niente, di niente

Am

di niente, di niente, di niente, di niente

C   Am   F   G   (X2)

C

Anche davanti a questo cielo nero di stelle

Am

e ce ne sono stanotte di stelle

F   G

forse miliardi, cuore non parli

C   Am

O sono io che non sento e per paura di ogni sentimento

F   G

cinico e indifferente faccio finta di niente

Em   Am

ma non ho più parole in questa notte di ottobre

Em   Am

sento solo lontano un misterioso rumore

Em   **A**

è la notte che piano si muove e tra poco esce il sole

C   **Am**   **F**   **G**

Cambierò, cambierò, apriti cuore ti prego fatti sentire

C   **Am**

Cambierò, tornerò come un tempo

F

padrone di niente, di niente, di niente

A#

di niente, di niente, di niente, di niente

Am

di niente, di niente, di niente, di niente

C   **Am**   **F**   **G**

Cambierò, cambierò, apriti cuore ti prego fatti sentire

C   **Am**

Cambierò, tornerò come un tempo

F

padrone di niente, di niente, di niente

A#

di niente, di niente, di niente, di niente

Am

di niente, di niente, di niente, di niente

     C   **Am**   **F**   **G**

Cambierò, cambierò, apriti cuore ti prego fatti sentire

C   **Am**

Cambierò, tornerò come un tempo

F

padrone di niente, di niente, di niente

A#

di niente, di niente, di niente, di niente

Am

di niente, di niente, di niente, di niente

ATTENTI AL LUPO

LUCIO DALLA Cambio - 1990

C Em F

C Em F

C   Em   F G

Oh oh oh oh oh oh

C   Em   F G

Oh oh oh oh oh oh

C   Em   F G

Ah ah ah ah ah ah

Am   Em   F G

Du du uo du uo du uo

Am   Em   F G

Du du uo du uo du uo

C   Em   F G

C'è una casetta piccola così

C   Em   F G

Con tante finestrelle colorate

C   Em   F G

e una donnina piccola così

Am   Em   F G

Con due occhi grandi per guardare

```
      C        Em      F   G
e c'è un omino piccolo così

      C        Em      F   G
Che torna sempre tardi da lavorare

      C        Em      F   G
e ha un cappello piccolo così

      Am       Em      F   G
Con dentro un sogno da realizzare

      Am       Em      F   G
e più ci pensa più non sa aspettare


      A                Dm
amore mio non devi stare in pena

             A
questa vita, Una catena

          Dm
qualche volta fa un po' male


      A                Dm
guarda come son tranquilla io

          G
anche se attraverso il bosco

          Cm
con l'aiuto del buon Dio
```

$\qquad$ **F**

stando sempre attenta al lupo

attenti al lupo

$\qquad$ **F   G**

attenti al lupo

$\qquad$ **C   Em   F   G**

livin' together   Ah ah ah ah ah ahh

$\qquad$ **C   F   G**

livin' together   oh oh oh oh ohh

$\qquad$ **C   Em   F   G**

Laggiù c'è un prato piccolo così

$\qquad$ **C   Em   F   G**

Con un gran rumore di cicale

$\qquad$ **C   Em   F   G**

e un profumo dolce e piccolo così

$\qquad$ **Am   Em   F   G**

Amore mio è arrivata l'estate

$\qquad$ **Am   Em   F   G**

amore mio è arrivata l'estate

$\qquad$ **C   Em   F   G**

e noi qui distesi a far l'amore

$\qquad$ **C   Em   F   G**

in mezzo a questo mare di cicale

```
         C          Em    F  G
```
questo amore piccolo così

```
   Am            Em              F  G
```
Ma tanto grande che mi sembra di volare

```
   Am                  Em        F   G
```
e più ci penso più non so aspettare


```
         A                    Dm
```
amore mio non devi stare in pena

```
                  A
```
questa vita è una catena

```
              Dm
```
qualche volta fa un po' male

```
         A                Dm
```
guarda come son tranquilla io

```
              G
```
anche se attraverso il bosco

```
              Cm
```
con l'aiuto del buon Dio

```
              F
```
stando sempre attenta al lupo

attenti al lupo

```
              F
```
attenti al lupo

C   Em   F

livin' together

C   Em   F

livin' together

C   Em   F

livin' together

Am   Em   F

livin' together

tu tu tuu tu tu tu tu tuuuuu

Am   Em F

tu tu tuu tu tu tu tu tuuuuu

Am   C   F

AH   Ah   Ah Ah

C Em F

C   Em F

Livin' together

C   Em F

Livin' together

Am   Em   F

Livin' together

Am   Em F

Oh

Am   Em F

Oh

AYRTON

LUCIO DALLA Canzoni - 1996

C
Il mio nome è Ayrton e faccio il pilota

Em
e corro veloce per la mia strada

C
anche se non è più la stessa strada

F
anche se non è più la stessa cosa

C
anche se qui non ci sono piloti

Em
anche se qui non ci sono bandiere,

C
anche se qui non ci sono sigarette e birra

F
che pagano per continuare,

E   F
per continuare poi che cosa

E   F
per sponsorizzare in realtà' che cosa

                          C
e come uomo io ci ho messo degli anni

                             Em
a capire che la colpa era anche mia,

            Am   C   F
a capire che ero stato un poco anch'io

                          C
e ho capito che era tutto finto

                   C   Em
ho capito che un vincitore vale quanto un vinto,

            Am   C   F
ho capito che la gente amava me

                    E   F
potevo fare qualcosa

                    E   F
dovevo cambiare qualche cosa

                          C
e ho deciso una notte di maggio,

                          G
in una terra di sognatori

            Am   C F
ho deciso che toccava forse a me

                          C
e ho capito che dio mi aveva dato

      C   **Em**

il potere di far tornare indietro il mondo

      Am   **C**   **F**

rimbalzando nella curva insieme a me

          E   **F**

mi ha detto chiudi gli occhi e riposa

       E   **G#m**

e io ho chiuso gli occhi

         C

il mio nome è Ayrton e faccio il pilota

         Em

e corro veloce per la mia strada

         C

anche se non è più la stessa strada

         F

anche se non è più la stessa cosa

         C

anche se qui non ci sono i piloti

      C   **Em**

anche se qui non ci sono bandiere

         C

anche se forse non è servito a niente

           F

tanto il circo cambierà città

       E   **F**

tu mi hai detto chiudi gli occhi e riposa,

         E

e io adesso chiudo gli occhi

C   Em G Gm F   C   Em

BALLA BALLA BALLERINO

LUCIO DALLA Dalla - 1980

```
Am        Bm Gm   E
Am        Bm Gm   E
```

Am

Balla, balla ballerino, tutta la notte e al mattino

Bm   **Gm**

Non fermarti   balla su una tavola fra due montagne

Bm   **E**   **Am**   **Bm E**

E se balli sulle onde del mare io ti vengo a cercare

Am

Prendi il cielo con le mani   vola in alto più degli aeroplani

Bm   **Gm**

Non fermarti   sono pochi gli anni forse sono solo giorni

Bm   **E**

E stan finendo tutti in fretta e in fila

Am   **Bm E**

Non ce n'è uno che ritorni

Am

Balla non aver paura   se la notte è fredda e scura

Bm

Non pensare alla pistola che hai puntato contro

Gm   **E**

Balla alla luce di mille sigarette e di una luna

F#   **B**

Che ti illumina a giorno   balla il mistero

G#m   **C#**   **F#**

Di questo mondo che brucia in fretta quello che ieri era vero

B **G#m**   **C#**

Dammi retta, non sarà vero domani

F#   **B**

Ferma con quelle tue mani il treno Palermo Francoforte

G#m   **C#**   **F#**

Per la mia commozione c'e' una ragazza al finestrino

F#   **C#**

Gli occhi verdi che sembrano di vetro

C#   **F#**   **C#**

Corri e ferma quel treno   fallo tornare indietro

Am   **Bm Gm E**

Am   **Bm Gm E**

Am

Balla anche per tutti i violenti   veloci di mano e coi coltelli

Bm   **Gm**

Accidenti   se capissero vedendoti ballare di essere

Bm   **E**   **Am**   **Bm E**

morti da sempre anche se possono respirare

Am

Vola e balla sul cuore malato   illuso sconfitto poi abbandonato

Bm   **Gm**

Senza amore   dell'uomo che confonde la luna con il sole

Bm   **E**   **Am**   **Bm E**

Senza avere coltelli in mano ma nel suo povero cuore

Am

Allora vieni angelo benedetto   prova a mettere i piedi sul suo petto

Bm   **Gm**

E stancarti a ballare al ritmo del motore ed alle grandi parole

E   **F#**   **B**

Di una canzone, canzone d'amore   Ecco il mistero

G#m   **C#**   **F#**

Sotto un cielo di ferro e di gesso l'uomo riesce ad amare lo stesso

F#   **B**   **G#m**   **C#**

Ama davvero   senza nessuna certezza

        C#   F#   B

Che commozione, che tenerezza

    Am   Bm   Am   C#m

CANZONE

LUCIO DALLA Canzoni - 1996

C F C F (x2)

```
    C                    F
Non so aspettarti più di tanto
    C                    F
ogni minuto mi dà l'istinto di cucire il tempo
        C  F
e di portarti di qua
```

C F

```
        C                F
Ho un materasso di parole scritte apposta
    C              Dm       G
per te e ti direi spegni la luce che il cielo
    C              Dm       G
c'e' - Stare lontano da lei - non si vive
      C            Dm     G
-   Stare senza di lei -  mi uccide
```

```
        C                F
Testa dura testa di rapa
    C                    F
vorrei amarti anche qua nel cesso di una discoteca
        C  F
o sopra al tavolo di un bar
```

                    C   F

                        C   F
O stare nudi in mezzo a un campo a sentirsi addosso
            C   Dm   G
il vento io non chiedo più di tanto anche se muoio
            C   Dm   G
son contento - Stare lontano da lei - non si vive
            C   Dm   G
-    Stare senza di lei - mi uccide

                    C   F   G
Canzone cercala se puoi
        Dm   G   C
dille che non mi perda mai
            C   F   G
Va per le strade tra la gente
            Dm   G
diglielo veramente

                    C   F
Io i miei occhi dai tuoi occhi
                C   F
non li staccherei mai e adesso anzi me li mangio
                    C   F
tanto tu non lo sai
                    C   F

                    C   F
Occhi di mare senza scogli il mare sbatte su
            C   Dm   G
di me che ho sempre fatto solo sbagli ma uno sbaglio

```
        C              Dm       G
poi cos'è - Stare lontano da lei -  non si vive


          C        Dm    G
-   Stare senza di lei-  mi uccide



            C    F     G
Canzone cercala se puoi
       Dm       G     C
dille che non mi lasci mai
          C    F        G
Va per le strade tra la gente
        Dm      G
diglielo dolcemente



        C  F  C  F  (x2)



            C                  F
E come lacrime la pioggia mi ricorda la sua
          C            Dm        G
faccia io la vedo in ogni goccia che mi cade
          C            Dm        G
sulla giacca - Stare lontano da lei -  non si vive
          C        Dm    G
-   Stare senza di lei -  mi uccide



          C   F     G
Canzone trovala se puoi
       Dm     G     C
dille che l'amo se lo vuoi
```

```
        C       F       G
Va per le strade tra la gente
        Dm      G
diglielo veramente
        Dm              G
non può restare indifferente
        Dm              G
e se rimane indifferente
                C
non è lei


        C           Dm      G
- Stare lontano da lei -  non si vive
            C           Dm  G
    -   Stare senza di lei -  mi uccide
            C           Dm      G
    -   Stare lontano da lei -  non si vive
        C           Dm  G       C
-   Stare senza di lei -  mi ucci –de - eeeee
```

CARA

LUCIO DALLA Dalla – 1980

C G C Am F C G C   F

C

Cosa ho davanti,

F

non riesco più a parlare

G

dimmi cosa ti piace,

Em

non riesco a capire,

Dm   C

dove vorresti andare

F   C G C

vuoi andare a dormire

C

Quanti capelli che hai,

F

non si riesce a contare,

sposta la bottiglia

G

e lasciami guardare

Em

se di tanti capelli,

Dm   **C Dm**

ci si può fidare

C

conosco un posto nel mio cuore

C

dove tira sempre il vento

F

per i tuoi pochi anni

G

e per i miei che sono cento

Em

non c'è niente da capire,

F   **C Dm**

basta sedersi ed ascoltare

C

perché ho scritto una canzone

per ogni pentimento

F

e debbo stare attento

G

a non cadere nel vino

Em

e finir dentro ai tuoi occhi,

Dm   **C Dm**

se mi vieni più vicino.

F   **Gm**

la notte ha il suo profumo

Gm

e puoi cascarci dentro

F

che non ti vede nessuno

Gm

ma per uno come me poveretto

Dm

che voleva prenderti per mano

Dm   **D**

e cascare dentro un letto.

Gm **C**   **F**

che pena, che nostalgia

```
   D              Gm
non guardarti negli occhi

   C              Dm
e dirti un'altra bugia

Dm        Gm          F
almeno non ti avessi incontrato

      D         Gm
io che qui sto morendo

   C              Dm
e tu che mangi il gelato

          C
tu corri dietro il vento

          G
e sembri una farfalla

          F
e con quanto sentimento

          G
ti blocchi e guardi la mia spalla

         Em
se hai paura a andar lontano,

      F         C G
puoi volarmi nella mano
```

C

ma so già cosa pensi,

G

tu vorresti partire

F

come se andare lontano

G

fosse uguale a morire

Em

e non c'è niente di strano

F   **C F**

ma non posso venire

C

e la notte cominciava

G

a gelare la mia pelle

F

una notte madre che cercava

G

di contare le sue stelle

Em

io li sotto ero uno sputo

```
        F              C G
```
e ho detto ole sono perduto

```
              C
```
tu corri dietro il vento

```
              G
```
e sembri una farfalla

```
              F
```
e con quanto sentimento

```
              G
```
ti blocchi e guardi la mia spalla

```
            Em
```
se hai paura a andar lontano,

```
       F            C Dm Em
```
puoi volarmi nella mano


```
        F   Gm
```
la notte sta morendo

```
              F
```
ed è cretino cercare di fermare

le lacrime ridendo

```
            Gm
```
ma per uno come me l'ho già detto

Dm

che voleva prenderti per mano

Dm   **D**

e volare sopra un tetto

Gm   **C** **F**

lontano si ferma un treno

D   **Gm**

ma che bella mattina

C   **Dm D**

il cielo è sereno

Gm   **C F**

buonanotte a   nima mia

D

adesso spengo la luce

Gm   **Dm**

e cosi sia..

Gm Dm D G D Bm Am G D   G D Bm Am G D   G D   Bm Am G D   G

CARUSO

LUCIO DALLA DallAmeriCaruso - 1986

Dm G Am   Dm G Am Dm Am

    Am   **Dm**

Qui dove il mare luccica   e tira forte il vento

  G   **E**   **Am**

Sulla vecchia terrazza   davanti al golfo di Surriento

   Am   **Dm**

Un uomo abbraccia una ragazza   dopo che aveva pianto

  G   **E**   **Am**

Poi si schiarisce la voce   e ricomincia il canto

  Am   **Dm G**   **E**   **Am**

Te vojo bene assai,   ma tanto tanto bene assai

Am   **Dm G**   **E**   **Am**

È 'na catena ormai,   e scioglie il sangue in't'e vene assai

Dm G Am Dm

```
        Am                              Dm
Vide le luci in mezzo al mare   pensò alle notti là in America
        G         E              Am
Ma erano solo le lampane   e la bianca scia di un'elica
        Am                              Dm
Sentì il dolore nella musica si alzò dal pianoforte
        G                      E
Ma quando vide la luna uscire da una nuvola
              E              Am
Gli sembrò più dolce anche la morte
   Am                              Dm
Guardò negli occhi la ragazza quegli occhi verdi come il mare
   G              E              Am
Poi all'improvviso uscì una lacrima e lui credette di affogare


        Am         Dm G    E    Am
Te vojo bene assai    ma tanto tanto bene assai
   Am         Dm G         E         Am
È 'na catena ormai   e scioglie il sangue in't'e vene assai


        Dm  G  Am  Dm
```

      Am   **Dm**

Potenza della lirica   dove ogni dramma è un falso

    G   **E**   **Am**

Che con un po' di trucco e con la mimica puoi diventare un altro

      Am   **Dm**

Ma due occhi che ti guardano così vicini e veri

     G   **E**   **Am**

Fanno scordare le parole   confondono i pensieri

     Am   **Dm**

Così diventò tutto piccolo anche le notti là in America

     G   **E**   **Am**

Ti volti e vedi la tua vita   come la scia di un'elica

     Am   **Dm**

Ma si è la vita che finisce   ma lui non ci pensò poi tanto

     G   **E**   **Am**

Anzi si sentì quasi felice   e ricominciò il suo canto

      Am   **Dm G**   **E**   **Am**

Te vojo bene assai   ma tanto tanto bene assai

     Am   **Dm G**   **E**   **Am**

È 'na catena ormai   e scioglie il sangue in't'e vene assai

     Am   **Dm G**   **E**   **Am**

Te vojo bene assai   ma tanto tanto bene assai

     Am   **Dm G**   **E**   **Am**

È 'na catena ormai   e scioglie il sangue in't'e vene assai

CHISSA' SE LO SAI

LUCIO DALLA Bugie - 1985

C

Ti ho guardata e per il momento

Em   **Gm Am**

non esistono due occhi come i tuoi ah

Dm   **A#**

così neri così soli che se mi guardi ancora e non li muovi

G   **C**

diventan belli anche i miei

C

e si capisce da come ridi

Em   **Gm A**

che fai finta che non capisci non vuoi guai ah

Dm

ma ti giuro che per quella bocca

A#   **G**

che se ti guardo diventa rossa, morirei ah

C Am   **Dm**   **C**

Ma chissà se lo sai ma chissà se lo sai

Am   **Dm**   **C**

forse tu non lo sai no, tu non lo sai

D

Così parliamo delle distanze

F#m   **Am**

e del cielo e di dove andrà a dormire la luna

B

quando esce il sole

A   **B**   **Em**

chissà com'era la terra prima che ci fosse l'amore

<pre>
        C   A
sotto quale stella tra mille anni se ci sarà una stella
        D
ci si potrà abbracciare
        D
Poi la notte col suo silenzio regolare
 F#m   Am
quel silenzio che a volte sembra la morte
        B A B
mi dà il coraggio di parlare
        Em
e di dirti tranquillamente
        C   A
di dirtelo finalmente che ti amo
        A   D
e che di amarti non smetterò mai
 Bm   Em   Bm
così adesso lo sai, così adesso lo sai
 F#m   Em F#m Bm
Così adesso lo sai

        Em Gm Bm
</pre>

COM'E' PROFONDO IL MARE

LUCIO DALLA Come è profondo il mare - 1977

C

Siamo noi, siamo in tanti ci nascondiamo di notte

C

per paura degli automobilisti

C

dei linotipisti siamo gatti neri

C

siamo pessimisti siamo i cattivi pensieri

C

non abbiamo da mangiare

F   **C**

Com'è profondo il mare com'è profondo il mare

C

Babbo, che eri un gran cacciatore di quaglie e di fagiani

C

caccia via queste mosche che non mi fanno dormire

C

che mi fanno arrabbiare

<pre>
            F   C
Com'è profondo il mare com'è profondo il mare

                  C
È inutile, non c'è più lavoro non c'è più decoro,

                  C
Dio o chi per lui sta cercando di dividerci di farci del male

                  C
di farci annegare

            F   C
Com'è profondo il mare com'è profondo il mare

                  C
Con la forza di un ricatto l'uomo diventò qualcuno

                  C
resuscitò anche i morti, spalancò prigioni

                  C
bloccò sei treni, con relativi vagoni

                  C
innalzò per un attimo il povero

                  C
ad un ruolo difficile da mantenere

                  C
poi lo lasciò cadere a piangere e a urlare
</pre>

C

Solo in mezzo al mare

F   C

Solo in mezzo al mare com'è profondo il mare

C

Poi da solo l'urlo, diventò un tamburo

C

e il povero come un lampo nel cielo sicuro

C

cominciò una guerra per conquistare

C

quello scherzo di terra che il suo grande cuore

C

doveva coltivare

F   C

Com'è profondo il mare com'è profondo il mare

C

Ma la terra gli fu portata via compresa quella rimasta addosso

C

fu scaraventato in un palazzo un fosso non ricordo

C

bene poi una storia di catene, bastonate e chirurgia sperimentale

<pre>
                    F   C
Com'è profondo il mare com'è profondo il mare

                         C
Intanto un mistico, forse un aviatore inventò la commozione

                        C
e rimise d'accordo tutti i belli con i brutti

                     C
con qualche danno per i brutti

                      C
che si videro consegnare un pezzo di specchio

                     C
così da potersi guardare

                       F   C
Com'è profondo il mare com'è profondo il mare

                      C
Frattanto i pesci dai quali discendiamo tutti

                       C
assistettero curiosi al dramma collettivo

                      C
di questo mondo che a loro indubbiamente doveva sembrar cattivo

                     C
e cominciarono a pensare

                     F   C
Nel loro grande mare com'è profondo il mare
</pre>

          F   **C**

Nel loro grande mare com'è profondo il mare

          C

È chiaro, che il pensiero dà fastidio

          C

anche se chi pensa è muto come un pesce anzi è un pesce

          C

e come pesce è difficile da bloccare

          F   **C**

Perché lo protegge mare com'è profondo il mare

          C

Certo, chi comanda non è disposto a fare distinzioni poetiche

          C

il pensiero come l'oceano non lo puoi bloccare

          C

non lo puoi recintare

          F   **C**

Così stanno bruciando il mare così stanno uccidendo il mare

          F   **C**

Così stanno umiliando il mare così stanno piegando il mare

          C

COSA SARA'

LUCIO DALLA Lucio Dalla - 1979

C Em Am G

  C   **Em**
Cosa sarà che fa crescere gli alberi, la felicità
Em   **Am**   **G**
Che fa morire a vent'anni anche se poi vivi fino a cento
       C   **Em**
Cosa sarà a far muovere il vento a fermare il poeta ubriaco
Em **Am**   **G**
A dare la morte per un pezzo di pane o un bacio non dato
     F   **G**   **C**
Oh, oh cosa sarà   che ti svegli al mattino e sei serio
          Am
Che ti fa morire ridendo di notte, all'ombra di un desiderio
     F   **G**   **A#**
Oh, oh cosa sarà   che ti spinge ad amare una donna bassina perduta
    F   **G**
La bottiglia che ti ubriaca anche se non l'hai bevuta

C Em Am G
  C   **Em**
Cosa sara' che ti spinge a picchiare il tuo re
Em   **Am**   **G**
Che ti porta a cercare il giusto dove giustizia non c'e'
     C   **Em**
Cosa sarà che ti fa comprare di tutto
      Em
Anche se è di niente che hai bisogno

        Am   G
Cosa sara' che ti strappa dal sogno
              F   G   C
Oh, oh cosa sara' che ti fa uscire di tasca dei no, non ci sto
                    Am
Ti getta nel mare, ti viene a salvare
        F   G   A#   F
Oh, oh cosa sara' che dobbiamo cercare
        F   G   C Em Am G
Che dobbiamo cercare

              C   Em
Cosa sara' che ti fa lasciar la bicicletta sul muro
        Em   Am   G
E camminare la sera con un amico a parlar del futuro
              C   Em
Cosa sara' questo strano coraggio o paura che ti prende
        Em   Am   G
E ci porta ad ascoltare la notte che scende
              F   G   C
Oh, oh cosa sara' quell'uomo ed il suo cuore benedetto
                    Am
Che sceso dalle scarpe e dal letto
              F   G   A#
Si è sentito solo   è come un uccello che in volo
        F   G
È come un uccello che in volo si ferma e guarda laggiù

DISPERATO EROTICO STOMP

LUCIO DALLA *Come è profondo il mare - 1977*

    C   **G**   **C** **G**   **C G C G**

Ti hanno vista bere a una fontana che non ero io

    C   **G**   **C**   **G**   **C G C G**

ti hanno vista spogliata la mattina, birichina biricò.

    C   **G**   **C**

Mentre con me non ti spogliavi neanche la notte,

    G   **C G C G**

ed eran botte, Dio, che botte

    C   **G**   **C**

ti hanno visto alzare la sottana,

    G   **C**   **G C G**

la sottana fino al pelo. Che nero!

    C   **G**

Poi mi hai detto poveretto,

    C   **G**   **C G C G**

il tuo sesso dallo al gabinetto

    C   **G**   **C**

te ne sei andata via con la tua amica,

    G   **C G C G**

quella alta, grande fica.

```
          C        G          C
```
Tutte e due a far qualcosa di importante,

```
          G      C G C G
```
di unico e di grande

```
          C         G       C
```
io sto sempre a casa, esco poco,

```
          G          C  G C G
```
penso solo e sto in mutande.

```
       C     G          C G       C G C G
```
Penso a delusioni a grandi imprese a una Thailandese

```
        C       G        C     G    C G C G
```
ma l'impresa eccezionale dammi retta è essere normale.

```
        C       G      C     G    C G C G
```
Quindi, normalmente, sono uscito dopo una settimana

```
          C       G         C
```
non era tanto freddo, e normalmente

```
          G         C G C G
```
ho incontrato una puttana.

```
          C      G     C
```
A parte i capelli, il vestito,

```
          G         C G C G
```
la pelliccia e lo stivale

```
        C       G    C     G    C G C G
```
aveva dei problemi anche seri, e non ragionava male.

```
 C        G     C     G      C G C G
```
Non so se hai presente una puttana ottimista e di sinistra,

```
        C          G           C
```
non abbiamo fatto niente, ma son rimasto solo,

```
         G     C G C G
```
solo come un deficiente.


```
          C          G        C
```
Girando ancora un poco ho incontrato

```
          G        C G C G
```
uno che si era perduto

```
         C          G       C
```
gli ho detto che nel centro di Bologna

```
          G          C G C G
```
non si perde neanche un bambino

```
         C          G          C
```
mi guarda con la faccia un po' stravolta

```
          G          C G C G
```
e mi dice - sono di Berlino.

```
         C        G      C
```
Berlino, ci son stato con Bonetti,

```
          G       C G C G
```
era un po' triste e molto grande

```
         C       G      C
```
però mi sono rotto, torno a casa

```
              G     C G C G
```
e mi rimetterò in mutande.

```
          C         G         C
```
Prima di salir le scale mi son fermato

```
          G    C G C G
```
a guardare una stella

```
          C         G       C
```
sono molto preoccupato, il silenzio

```
          G     C G C G
```
m'ingrossava la cappella.

```
          C         G         C
```
Ho fatto le mie scale tre alla volta,

```
          G       C G C G
```
mi son steso sul divano,

```
          C         G           C
```
ho chiuso un poco gli occhi, e con dolcezza

```
          G     C G C G
```
è partita la mia mano.

```
              C G
```

```
              C G              (sfumando)
```

DUE RAGAZZI

LUCIO DALLA Automobili - 1976

```
      C                    F      C
Dentro a un'auto scalcinata al margine di un campo
         Am              F      C
    Un'autodemolizione, ah aah ah
      C                    F        C
Dentro a quest'auto abbandonata due ragazzi seduti
         Am              F        C
    Fitti, fitti, fitti, fitti fanno conversazione
      C                A#   F    A
    La ragazza è carina ha i capelli neri e corti
      F              G          C
Lui ha una faccia da faina furba e divertente
      C                A#   F    A
    Si riparano dalla gente lui la tiene stretta
      F              G          C
E parlano, parlano, parlano a voce bassa, in fretta
```

```
      C                    F      C
È bello ascoltare così, la vita che striscia
      Am                    F      C
La vita strisciare adagio come un serpente annoiato
      C                    F      C
Baciarsi dieci volte senza paura in un minuto
      Am                          F      C
Parlare di oggi, parlare d'amore, parlar di domani, toccarsi con le mani
      C                A#   F    A
La vita è così vicina ogni cosa è ancora da fare
      F                  G      C
Il futuro è verde, è freddo, è profondo come il mare
```

```
        C              A#  F   A
Tentano di toccarlo con i loro piedi
        F              G       C   F
Prima di decidersi, decidersi a buttare


              F           Gm
     Sei un topino bianco. Io, ioo, ioo
        C                              F
Io ti ho trasformato in un angelo, con ali formidabili
        F                   Gm
Tu lavavi, stiravi, le camicie e io, seduto in un angolo, fumavo
        C                   F
Guardami ancora con amore, lo so che sono vecchio
              C           F
     Lo so che ho già vent'anni
        F                   Gm
Ma, lei risponde, ti sposerei lo stesso, io, io, io
        C                              F
Anche se ti ho sempre detto - Voglio andare a letto con un uomo
              C     F
     ma non so cosa fare -
        F                   Gm
Tu mi dicevi - Perché non prendi me, eh? -
        C                       F
Era un gioco (io, ioo, ioo,) lo so che era un gioco
              C     F
     E non so cosa fare
              C     F
     Perché adesso non voglio
        C              F   Dm
Che stare qua a guardare ed ascoltare



              Dm          C
     Dall'alto piove una neve verde
```

```
      A#              Am
Portata dall'ombra della sera
      C               F
Scoppiano tre stelle all'improvviso
      C               F
Enormi come un grande riflettore
      C         F     Dm
Sopra all'auto scalcinata (ah, ah.....)
      Dm          C
Al margine di un campo
      A#              Am
Dentro a un'auto in demolizione
      C               F
Dove due ragazzi senza tempo
       C     F
Fanno l'amore


        C F
        C F
        C F
```

FELICITA'

FABRIZIO DE ANDRE` Dalla/Morandi - 1988

C   D Em Bm

C   G

G

Se tutte le stelle del mondo

A un certo momento

C

Venissero giù

Tutta una serie di astri

Di polvere bianca scaricata dal cielo

Ma il cielo senza i suoi occhi

G

Non brillerebbe più

Se tutta la gente del mondo

Senza nessuna ragione alzasse la testa

C

E volasse su

Senza il loro casino quel doloroso rumore

D

La terra povero cuore

Bm   Am

Non batterebbe più

G

Mi manca sempre l'elastico

Per tener su le mutande così che le mutande

C

Al momento più bello mi vanno giù

Am

Come un sogno finito

Magari un sogno importante

C

Un amico tradito

Anch'io sono stato tradito

G   D

Ma non m'importa più

G

Tra il buio del cielo le teste pelate bianche

Le nostre parole si muovono stanche

C

Non ci capiamo più

Ma io ho voglia di parlare

Di stare ad ascoltare continuare a far l'asino

C

Di comportarmi male

Bm Am C#

Per poi non farlo più

G   Am

Ah felicità

D   G

Su quale treno della notte viaggerai

Am

Lo so

C

Che passerai

D

Ma come sempre in fretta

C   G   D   Em   C

Non ti fermi mai

C

G

Si tratterebbe di nuotare

Prendendola con calma farsi trasportare

Dentro a due occhi grandi

C

Magari blu

Am

E per dovermi liberare

Attraversare un mare medioevale

C

Guardare contro un drago strabico

Ma di draghi baby

Bm   Am

Non ce ne sono più

G

Forse per questo i sogni

Sono cosi pallidi e bianchi

E rimbalzano stanchi tra le antenne lesse

C

Delle varie tv

Am

E ci ritornano in casa

Bm

Portati da signori eleganti

C

Si, si che parlano

E tutti quanti che applaudono

Bm   Am

Non ne vogliamo più

G

Ma se questo mondo

È un mondo di cartone allora per essere felici

Basta un niente magari una canzone

C

O chi lo sa

Am

Se no sarebbe il caso

Bm

Di provare a chiudere gli occhi

C

E poi anche quando hai chiuso gli occhi

Bm   Am

Chissà cosa sarà

G   Am

Ah felicità

D   C#   G

Su quale treno della notte viaggerai

Bm

Lo so

C

Che passerai

C

Ma come sempre in fretta

G

Non ti fermi mai

Am

Ah felicità

D   G

Su quale treno della notte viaggerai

G

Lo so

C

Che passerai

C

Ma come sempre in fretta

C   G

Non ti fermi mai

G   C

Ah felicità

D   G

Su quale treno della notte viaggerai

G

Lo so

C

Che passerai

C

Ma come sempre in fretta

C   G   D   Em   C

Non ti fermi mai

FUTURA

LUCIO DALLA Dalla - 1980

F   G   F   G

C   Dm G

Chissà, chissà domani

C   Am   Em A

su che cosa metteremo le mani

Dm

se si potrà contare ancora le onde del mare

G

e alzare la testa

Am   G   F

non esser così seria, rimani

C   Dm   G

I russi, i russi gli americani,

C   Am   Em A

No lacrime, non fermarti fino a domani

Dm

sarà stato forse un tuono non mi meraviglio

G

è una notte di fuoco

      F   Fm

dove sono le tue mani

  C   **F G C**   **Dm G**

nascerà e non avrà paura - nostro figlio

      C   **Dm G**

E chissà come sarà lui domani

       C

su quali strade camminerà

  Am   **Em**   **A**

cosa avrà nelle sue mani, le sue mani

     Dm

si muoverà e potrà volare nuoterà su una stella,

     G

come sei bella

  Am   **G**

e se è una femmina si chiamerà Futura

    C   **Dm G**

Il suo nome detto questa notte mette già paura

    C   **Am**

sarà diversa, bella come una stella

   Em A

sarai tu in miniatura

   Dm   **G**

ma non fermarti voglio ancora baciarti

```
         Dm                G
chiudi i tuoi occhi, non voltarti indietro


         Dm                G
qui tutto il mondo sembra fatto di vetro

         Dm                G
e sta cadendo a pezzi come un vecchio presepio


          A    D            A     D
Di più, muoviti più in fretta, di più benedetta

          A       D          A
più su, nel silenzio tra le nuvole più su

                 D
che si arriva alla luna

          F        E           F
Sì la luna! Ma non è bella come te questa luna

                 E
è una sottana americana.

          A    D           A
Allora su, mettendoci di fianco più su

          D            A
guida tu che sono stanco, più su

          D                A
in mezzo ai razzi e a un batticuore, più su
```

```
          D                F
son sicuro che c'è il sole, ma che sole

          E              F
è un cappello di ghiaccio questo sole


          E              F
È una catena di ferro senza amore

     E   F   E   F   E   F   E
amore, amoreeee, amore,  amoreee


          C        Dm  G
          C        Dm  G
          C        Dm  G
     C                 Dm    G
Lento, lento, adesso batte più lento, ciao come stai

          C
il tuo cuore lo sento

    Am              Em      A
i tuoi occhi così belli non li ho visti mai

          Dm
Ma adesso non voltarti, voglio ancora guardarti

          G
non girare la testa

    Am    G#
dove sono le tue mani
```

```
        C           F    G#
aspettiamo che ritorni la luce
            C           F
di sentire una voce


    C         F   G  C      Dm  G  C     Dm


            G
aspettiamo senza avere paura     domani


        C       Dm    G
```

HENNA

LUCIO DALLA Henna - 1993

G A Bm A

Adesso

G   A   D   G   A
basta sangue   ma non vedi
Bm   A   G A D
non stiamo nemmeno più in piedi un po' di pietà

G   A   Bm A G   A   D
Invece tu invece fumi   con grande tranquillità
G   A   Bm   A GA D
Così sta a me, a me che debbo parlare   fidarmi di te

G   A   Bm   A   G   A   D
Domani, domani, domani chi lo sa che domani sarà
G   A   Bm   A
Oh, chi non lo so   quale Dio ci sarà
G   A   D
io parlo e parlo solo per me

G   A   Bm A   G   A   D
Va bene io credo nell'amore   l'amore che si muove dal cuore
G A   Bm A G   A   D
Che ti esce dalle mani   e che cammina sotto i tuoi piedi

G   A   Bm   A
L'amore misterioso anche dei cani

    G   **A**   **D**

e degli altri fratelli animali

    G   **A**   **Bm**   **A**

delle piante che sembra che ti sorridono

    G   **A**   **D**

anche quando ti chini per portarle via

  G **A**   **Bm A**   **G**   **A D**

L'amore silenzioso dei pesci   che ci aspettano nel mare

    G A Bm A

L'amooore

    G   **A**   **D**

di chi ci ama e non ci vuol lasciare

  G A   **Bm**   **A G**   **A**   **D**

OK, ok lo so che capisci   ma sono io che non capisco cosa dici

    G   **A**   **Bm**   **A**

troppo sangue qua e là sotto i cieli di lucide stelle

    G   **A D**

nei silenzi dell'immensità

  G **A**   **Bm** **A G** **A D**

ma chissà se cambierà   oh non so

    G   **A** **Bm** **A**

se in questo futuro nero, buio, forse

    G   **A D**

c'è qualcosa che ci cambierà

  G **A Bm** **A**   **G**   **A D**

Io credo che il dolooore   è il dolore che ci cambierà

  G A Bm **A**   **G**   **A D**

Oh ma   oh il dolore che ci cambierà

    G **A Bm**

E dopo chi lo saaa

```
A      G        A    D
```
se ancora ci vedremo e dentro quale città
```
G     A     Bm        A
```
brutta, fredda, buia, stretta o brutta come questa
```
G     A   D
```
sotto un cielo senza pietà

```
G  A Bm  A
```
Ma io ti cercheroooò
```
G       A       D
```
anche da così lontano ti telefonerò
```
G    A    Bm          A
```
in una sera buia, sporca, fredda, brutta come questa
```
G          A   D
```
forse ti chiamerò   perché vedi

```
G    A  Bm  A    G      A   D
```
Io credo che l'amore   è l'amore che ci salverà
```
G    A    Bm   A    G       A   D
```
vedi io credo che l'amore è l'amore che ci salverà

IL CUCCIOLO ALFREDO

LUCIO DALLA Com'è profondo il mare - 1977

Am

Tra le case e i palazzi di una strada d'inferno

D

Si vede una stella tanto bella e violenta

G

Che si dovrebbe vergognare

Am

Televisori e cucine, così uguali

D

Come i denti di bocca di uno venuto dal centro

G

In cerca di un dramma da annusare

Am

Il cucciolo Alfredo, avvilito e appuntito

D

Con i denti da lupo tradito

G

Ci pensa un attimo e poi sale

Am

Si tratta di un giovane autobus dall'aspetto sociale

D

E il biglietto gratuito

G

Regalo di un'amministrazione niente male

F#   **Bm**

Nemmeno Natale è una sera normale

E   **D   F#**

Con gli occhi per terra la gente prepara la guerra

Am

C'è guerra nei viali del centro

D

Dove anche il vento è diverso

G

Son diversi gli odori per uno che viene da fuori

G#   Am

Un grande striscione con uno scudo e una croce

D

E una stella cometa

G

La réclame di una dieta

F#   **Bm**

Pistola alla mano la città si prepara

E

A sommare il danaro

A   **F#**

A una giornata più amara

Am

Alla quarta fermata

Senza nessuna ragione

D

Scendendo deciso

G

Il cucciolo Alfredo s'inventa un sorriso

Am

Sorride a uno scherzo di donna

D

A un amico che alle sette di sera

G

Dopo più di tre anni è appena uscito di galera

F#   **Bm**

Il complesso cileno affisso sul muro

E   **A**   **F#**

Promette spettacolo, un colpo sicuro

Am

La musica andina, che noia mortale

D   **G**

Sono più di tre anni che si ripete sempre uguale

G#   **Am**

Mentre il cucciolo Alfredo canta in modo diverso

D   **G**

La canzone senza note di uno che si è perso:

F#   **Bm**

Canzone diversa ma canzone d'amore

E   **A**   **F#**

Cantata tra i denti, da cuore a cuore

Am   **D**

Se la sua è cattiveria io la prendo per mano

G   **G#**

Ce ne andremo lontano

Am   **D**

Se la sua è cattiveria io la prendo per mano

G

Ce ne andremo lontano

Am   **D**

Se la sua è cattiveria io la prendo per mano

G

Ce ne andremo lontano

IL PARCO DELLA LUNA

LUCIO DALLA Dalla - 1980

C A Dm

     C   **Dm**

Sono più di cent'anni che al parco della luna

Gm   **C**   **F** **A**

arriva Sonny Boy con i cavalli di legno e la sua donna Fortuna

    Dm   **C** **A**

i denti di ferro e gli occhi neri

  C   **Dm**   **A#** **Dm**

puntati nel cielo per capirne i misteri.

     C   **Dm**

È nato a Ferrara anzi l'hanno trovato su un muro

  Gm   **C**   **F** **A**

è pieno di segni e i muscoli corrono sulla sua pelle.

Dm   **C**

Sonny Boy ha disegnato sulle braccia la mappa delle stelle.

   A   **C**

E di notte va a caccia e con il cavallo

  Dm

raccoglie chi si è perduto.

    Dm   **Gm**

Anch'io quante volte da bambino ho chiesto aiuto

              C

quante volte da solo mi sono perduto

              A

quante volte ho pianto e sono caduto

   Dm   **Gm**

guardando le stelle ho chiesto di capire

              C

come entrare nel mondo dei grandi senza paura

              A

paura di morire.

   Dm   **C** **A**

Come uno zingaro   seduto sul muro

  C   **Dm** **A#** **Dm**

gli occhi nel cielo puntati sul futuro

      C   **Dm**

Dei suoi mille figli non ricorda un viso

       Gm

ne ha avuto uno per coltello

    C   **F** **A**

ha fatto un figlio per ogni nemico ucciso.

   Dm   **C** **A**

Sonny Boy non è cattivo ha perfino sorriso

                    C   Dm

guardando Fortuna accarezzandole il viso.

        Dm   Gm

Li ho visti abbracciarsi come bimbi nel parco della luna

                    C

tutti e due con una valigia nella mano

                    A

con l'aria di chi deve partire e andare lontano

        Dm   Gm

oppure morire, in silenzio, sparire piano piano

                    C

sopra il loro cavallo di legno

                    A

con la loro pelle scura nella mano.

        Dm   C A

Adesso Sonny Boy e la sua donna Fortuna

        C   Dm   A#   Dm

Saranno a metà strada tra Ferrara e la luna.

            Dm   A#   Dm

                    C

ITACA

LUCIO DALLA Storie di casa mia - 1971

C Dm C Dm C

C

Capitano che hai negli occhi il tuo nobile destino

Cm   C   Dm   G

pensi mai al marinaio a cui manca pane e vino

Dm   G   E   Am

Capitano che hai trovato principesse in ogni porto

Am   Dm   G   C

pensi mai al rematore che sua moglie crede morto

C   Dm

Itaca, Itaca, Itaca la mia casa ce l'ho solo là

Dm   G   Dm   G   Dm   G C

Itaca, Itaca, Itaca ed a casa io voglio tornare

Dm G   C   Dm G

dal mare dal mare dal mare

C

Capitano le tue colpe pago anch'io coi giorni miei

C   Dm   G

mentre il mio più gran peccato fa sorridere gli dei

        Dm   G   E   Am

e se muori è un re che muore la tua casa avrà un erede

        Am   Dm   G   C

quando io non torno a casa entran dentro fame e sete

            C   Dm

Itaca, Itaca, Itaca la mia casa ce l'ho solo là

    Dm G Dm   G   Dm   G C

Itaca, Itaca, Itaca ed a casa io voglio tornare

        Dm G   C   Dm G

dal mare dal mare dal mare

                C

Capitano che risolvi con l'astuzia ogni avventura

            C   Dm   G

ti ricordi di un soldato che ogni volta ha più paura

        Dm   G   E   Am

ma anche la paura in fondo mi dà sempre un gusto strano

        Am   Dm   G   C

se ci fosse ancora mondo sono pronto dove andiamo

            C   Dm

Itaca, Itaca, Itaca la mia casa ce l'ho solo là

    Dm G Dm   G   Dm   G C

Itaca, Itaca, Itaca ed a casa io voglio tornare

Dm G   C   Dm G

dal mare dal mare dal mare

LA CASA IN RIVA AL MARE

LUCIO DALLA Storie di casa mia - 1971

    C   **Dm**

Dalla sua cella lui vedeva solo il mare

    G   **Em A**

ed una casa bianca in mezzo al blu

    Dm G   **C Am**

una donna si affacciava, Maria

    Dm   **G**   **C**

È il nome che le dava lui

    Dm

Alla mattina lei apriva la finestra

    G   **Em A**

e lui pensava quella è casa mia

    Dm G   **C**   **Am**

tu sarai la mia compagna, Maria

    Dm G   **C**

una speranza e una follia

    C   **Dm G**   **C**

e sognò la libertà,   e sognò di andare via, via, via

    Am   **Dm G**   **C**

e un anello vide già   sulla mano di Maria

Dm

Lunghi i silenzi come sono lunghi gli anni

G   Em A

parole dolci che s'immaginò

Dm G   C Am

questa sera vengo fuori, Maria

Dm   G   C

Ti vengo a fare compagnia

Dm

E gli anni stan passando tutti gli anni insieme

G   Em A

ha già i capelli bianchi e non lo sa,

Dm G   C Am

dice sempre manca poco Maria

Dm   G   C

vedrai che bella la città

C   Dm G   C

e sognò la libertà, e sognò di andare via, via, via

Am   Dm G   C

e un anello vide già   sulla mano di Maria

Dm

E gli anni son passati tutti gli anni insieme

```
       G                    Em   A
ed i suoi occhi ormai non vedon più

       Dm      G      C      Am
disse ancora la mia donna sei tu

       Dm      G          C    Am
e poi fu solo in mezzo al blu

       Dm  G            C
e poi fu solo in mezzo al blu
```

LA SERA DEI MIRACOLI

LUCIO DALLA Dalla - 1980

C

Am   D   Am   D

G

È la sera dei miracoli fai attenzione

Em   G

qualcuno nei vicoli di Roma

C

con la bocca fa a pezzi una canzone

D

È la sera dei cani che parlano tra di loro

Bm

della luna che sta per cadere

G   C   Am   D

e la gente corre nelle piazze per andare a vedere

G

Questa sera così dolce che si potrebbe bere

G

da passare in centomila in uno stadio

    Em   **C**

una sera così strana e profonda che lo dice anche la radio

        C   **D**

anzi la manda in onda

        D

tanto nera da sporcare le lenzuola

        Bm

È l'ora dei miracoli che mi confonde

  G   **C**   **Am** **D**

mi sembra di sentire il rumore di una nave sulle onde

       Em   **A**

Si muove la città

       D

con le piazze e i giardini e la gente nei bar

       Em   **A**

galleggia e se ne va

       D

anche senza corrente camminerà

       Em   **A**

ma questa sera vola

       D

le sue vele sulle case sono mille lenzuola

G D A

Ci sono anche i delinquenti

D

non bisogna avere paura ma soltanto stare un poco attenti

A

A due a due gli innamorati

D

sciolgono le vele come i pirati

Em   A

E in mezzo a questo mare

D

cercherò di scoprire quale stella sei

Em A

perché mi perderei

D   G D

se dovessi capire che stanotte non ci sei

A D   A D

Gm G Gm C   D

G   Em

È la notte dei miracoli fai attenzione

G

qualcuno nei vicoli di Roma

C

ha scritto una canzone

D

Lontano una luce diventa sempre più grande

Bm

nella notte che sta per finire

G   **C**

e la nave che fa ritorno

C   **Am**   **D**

per portarci a dormire

Em   A D   (x4)

L'ANNO CHE VERRA'

LUCIO DALLA Lucio Dalla - 1979

```
         C       F   G        C
Caro amico ti scrivo, così mi distraggo un po'
    Am        Dm       G       C
e siccome sei molto lontano, più forte ti scriverò
         C       F      G     C
Da quando sei partito, c'è una grossa novità
    Am        Dm         G          C
l'anno vecchio è finito ormai, ma qualcosa ancora qui non va.


                      D


        C       F    G      C
Si esce poco la sera, compreso quando è festa
    Am          Dm        G        C
e c'è chi ha messo dei sacchi di sabbia vicino alla finestra
        C       F    G      C
e si sta senza parlare, per intere settimane
    Am        Dm        G        C
e a quelli che hanno niente da dire del tempo ne rimane.
        D      G     A         D
Ma la televisione ha detto che il nuovo anno
```

```
         Bm          Em              A               D
porterà una trasformazione e tutti quanti stiamo già aspettando

                     D        G        A         D
              sarà tre volte Natale e festa tutto il giorno

         Bm          Em              A               D
ogni Cristo scenderà dalla croce anche gli uccelli faranno ritorno.

                     D        G        A         D
                 Ci sarà da mangiare e luce tutto l'anno

         Bm          Em              A               D
anche i muti potranno parlare mentre i sordi già lo fanno

                     F         A#      C          F
                e si farà l'amore, ognuno come gli va

         Dm             Gm               C            F
anche i preti potranno sposarsi ma soltanto a una certa età

                     F         A#      C          F
              e senza grandi disturbi, qualcuno sparirà

         Dm             Gm               C            F
saranno forse i troppo furbi e i cretini di ogni età


              A#                      C               Am
Vedi caro amico, cosa ti scrivo e ti dico, e come sono contento

                              A
di essere qui in questo momento, vedi, vedi, vedi, vedi,

              A#                         C
vedi caro amico cosa si deve inventare
```

                    Am   A

per poter riderci sopra, per continuare a sperare. E se quest'anno poi

                    A#   C

passasse in un istante, vedi amico mio

                    Am   A

come diventa importante che in quest'istante ci sia anch'io

              F   A#   C   F Dm

L'anno che sta arrivando tra un anno passerà

                    Gm   C   F

io mi sto preparando e questa è la novità

LE PAROLE INCROCIATE

LUCIO DALLA Anidride solforosa - 1975

Am
Chi era Bava il beccaio? Bombardava Milano
E
Correva il Novantotto oggi è un anno lontano
A   **Dm**
I cavalli alla Scala gli alpini in piazza Dom
G
attenzione
E   **Am**
Cavalleria piemontese gli alpini di Val di Non

Am
Chi era Humbert le Roy, comandava da Roma
E
Folgore della guerra, con al vento la chioma
A   **Dm**
La fanteria stava a Mantova, i bersaglieri sul Po

G
attenzione,

E   **Am**
fanteria calabrese, i bersaglieri di Rho

Am
E chi era Nicotera, ministro dell'interno
E
sole di sette croci e fuoco dell'inferno

        A   **Dm**

all'Opera il Barbiere, cannoni a Mergellina

G

attenzione

E   **Am**

Spari capestri e mazze da sera alla mattina

A

di pietra non è l'uomo

Dm

L'uomo non è un limone

G   **E**

e se non è di pietra

Am

non è carne per un cannone

A

cavallo di re

Dm

La figlia di un re

G   **E**

l'ombra di un re

Am

E la voglia di un re

A

soltanto chi è re

Dm

può contrastare un re

G

Il gioco dei potenti

è di cambiare se vogliono

E

Anche la corsa dei venti

Am

e i limoni a Palermo - Pendevano dai rami

E

coprendo d'ombra il sangue di poveri cristiani

A   **Dm**

chi era Pinna? Un questore, a Garibaldi amico

G

attenzione

E   **Am**

fucilazioni in massa, dentro al castello antico

Am

e la tassa sul grano, tutta l'Emilia rossa

E

s'incendia di furore, brucia nella sommossa

A   **Dm**

stato d'assedio, spari la truppa bivacca

G

attenzione

E   **Am**

lento scorreva il fiume da Cremona a Ferrara

Am

che nome aveva l'acqua trasformata in pantano,

Am   **E**

macello a sangue caldo di popolo italiano

A   **Dm**

un'intera brigata decimata sul posto

G

attenzione

E   **Am**

i soldati legati agli alberi, agli alberi del bosco

A

l'uomo non è di pietra

Dm

l'uomo non è un limone

G   **E**

poiché non è di pietra

Am

neppure è carne da cannone

A

quando la vecchia

Dm

carne voleva

G   **E**

il macellaio

Am

fu presto impiccato

A

e un re da cavallo

Dm

è anche sbalzato

G   **E**

e in mezzo al salnitro

Am

precipitato

A

pome al tempo

Dm

del grande furore

G

quando il vecchio imperatore

E

a morte condannava

chi faceva l'amore

Am
sei le colonne in fila, il gioco è terminato
E
nel bel prato d'Italia c'è odore di bruciato
A
un filo rosso lega tutte, tutte queste vicende
G
Attenzione
E
dentro ci siamo tutti, è il potere che offende

LE RONDINI

LUCIO DALLA Cambio - 1990

C Cm C G C F   Am Em F C

    C   **Cm**

Vorrei entrare dentro i fili di una radio

    C

E volare sopra i tetti delle città

   G C F

Incontrare le espressioni dialettali

  Am   **Em**   **F**

Mescolarmi con l'odore del caffè

    C

Fermarmi sul naso dei vecchi

  Cm

mentre Leggono i giornali

C   **G C F**

E con la polvere dei sogni volare e volare

  Am   **Em**   **F**

Al fresco delle stelle, anche più in là

G Am F

Sogni

C G Am F

tu   sogni

G Am F

nel mare

C G F   C

dei sogni

C

Vorrei girare il cielo come le rondini

Cm

E ogni tanto fermarmi qua e là

C   **G C F**

Aver il nido sotto i tetti al fresco dei   portici

Am   **Em**   **F**

E come loro quando è la sera chiudere gli occhi

C

con semplicità

C

vorrei seguire ogni battito del mio cuore

Cm

Per capire cosa succede dentro

        C

e cos'è che lo muove

  G C F

Da dove viene ogni tanto questo strano dolore

  Am   **Em**   **F**

vorrei capire insomma che cos'è l'amore

      F

Dov'è che si prende, dov'è che si dà

   G Am F

Sogni

C G Am F

tu   sogni

 G Am F

nel cielo

C G F   C

dei sogni

L'ULTIMA LUNA

LUCIO DALLA Lucio Dalla - 1979

```
        F      C  F         C
La settima luna    era quella della luna park
        F         C  F        C
Lo scimmione si aggirava    dalla giostra al bar
```

```
        C           F              C
Mentre l'angelo di Dio bestemmiava facendo sforzi di petto
        C           F          C  F  C
Grandi muscoli e poca carne   povero angelo benedetto
```

```
        F     C  F          C
La sesta luna    era il cuore di un disgraziato
        F              C  F      C
Che, maledetto il giorno che era nato   ma rideva sempre
```

```
        C        F                    C
Da anni non vedeva le lenzuola con le mani sporche di carbone
        C            F                  C
Toccava il culo ad una signora, E rideva e toccava, sembrava lui il
                        padrone
```

```
        F      C  F        C
La quinta luna      fece paura a tutti
                F           C
        Era la testa di un signore
                C        F        C
Che con la morte vicino giocava a biliardino
```

```
        C                          F                       C
Era grande ed elegante, ne giovane ne vecchio, forse malato
        C              F                      C F   C
Sicuramente era malato perché' perdeva sangue da un orecchio


           F       C F            C
La quarta luna     era una fila di prigionieri
           F     C   F             C
Che camminando    seguivano le rotaie del treno


         C                    F                        C
Avevano i piedi insanguinati e le mani e le mani e le mani senza guanti
         C        F                            C
Non preoccupatevi, il cielo è sereno, oggi non ce ne sono più tanti


           F       C F            C
La terza luna     uscirono tutti per guardarla
           F     C    F               C
Era così grande che più di uno pensò al Padre Eterno


           C        F                         C
Sospesero i giochi e si spensero le luci e cominciò l'inferno
           C         F                C  F   C
La gente corse a casa, perché' per quella notte ritornò l'inverno


           F        C F                  C
La seconda luna     portò la disperazione tra gli zingari
                 F          C  F      C
Qualcuno addirittura    si amputò un dito


          C       F                       C
Tutti andarono in banca a far qualche operazione, ma che confusione
          C       F                   C  F   C
La maggior parte prese cani e figli e corse alla stazione
```

```
        F    C  F              C
L'ultima luna   la vide solo un bimbo appena nato
        F        C       F        C
Aveva occhi tondi e neri e fondi e non piangeva


            C     F                   C
Con grandi ali prese la luna tra le mani tra le mani
        C   F                 C  F  C
E volò via e volò via, era l'uomo di domani
        C   F                 C  F   C
E volò via e volò via, era l'uomo di domani
```

MA COME FANNO I MARINAI

LUCIO DALLA/FRANCESO DE GREGORI Banana Republic - 1979

G C G C

C
Ma dove vanno i marinai

Con le loro giubbe bianche
G
Sempre in cerca di una rissa o di un bazar

Ma dove vanno i marinai

Con le loro facce stanche
C
Sempre in cerca di una bimba da baciar

Ma cosa fanno i marinai

Quando arrivano nel porto
G
Vanno a prendersi l'amore dentro al bar

Qualcuno è vivo per fortuna

Qualcuno è morto
C
C'è una vedova da andare a visitar

Ma come fanno i marinai

A riconoscere le stelle

Sempre uguali, sempre quelle
G
All'Equatore e al Polo Nord

Ma come fanno i marinai

A baciarsi tra di loro
C
E a rimanere veri uomini però

C
E intorno al mondo senza amore
F
Come un pacco postale
Fm   **C**
Senza nessuno che gli chiede come va
A
Col cuore appresso a una donna
D
Una donna senza cuore
Fm   **G**   **C**
Chissà se ci pensano ancora, chissà

C B A# A

A   **D**
Ma dove vanno i marinai

Mascalzoni imprudenti

Con la vita nei calzoni

A

E col destino in mezzo ai denti

Sotto la luna puttana e il cielo che sorride

Ma come fanno i marinai

D

Con questa noia che li uccide

Addormentati sopra un ponte

In fondo a un malincuore

A

Sognano un ritorno, smaltiscono un liquore

Affaticati dalla vita piena di zanzare

Che cosa gliene frega

D

Di trovarsi in mezzo al mare

A un mare che più passa il tempo

E più non sa di niente

Su questa rotta inconcludente

A

Da Genova a New York

Ma come fanno i marinai

A fare a meno della gente

D

E rimanere veri uomini però

                         D
              Intorno al mondo senza amore
                         G
               Come un pacco postale
                  Gm   **D**
         Senza nessuno che gli chiede come va
                          B
             Col cuore appresso a una donna
                         E
                Una donna senza cuore
                  Gm   **A**   **D**
           Chissà se ci pensano ancora, chissà

            A D (x4)   *(sfumando)*

MADONNA DISPERAZIONE

LUCIO DALLA Q Disc - 1981

G   Am

Quante sono le ore

G   C

Per arrivare a domani

G   Am

Madonna disperazione

F

Mentre esce dal portone

Em Am Em Am

Si frega le mani

G   Am

Quanti bei baci

G   C

Per coprire la tua pelle

G   Am

Madonna disperazione

F   Em Am Em Am

Dopo le mani non fregarti anche le stelle

G   Am

Quante notizie

G   C

buttate dentro alla radio

G   Am

Madonna disperazione

F   Em Am Em Am

A mezzanotte entra ed esce dall'armadio

F G F G F G

F G F G F G

F G A#

A#   Gm

Quanta fame, quanta fame

F

Per una pizza, una birra e un panino

A#   Gm

Madonna disperazione senza farsi notare

F

Si siede al tavolo di un ragazzino

Em Am (x4)

      G   **Am**

Una macchina butta canzoni

      G   **C**

Per due occhi tondi come duecento lire

      G   **Am**

Madonna disperazione

  F   **Em Am Em Am**

Gli occhi li ha chiusi ma fa finta di dormire

      G   **Am**

Quanto coraggio

      G   **C**

Per sputare dai denti un buonasera

      G   **Am**

Madonna disperazione

  F   **Em Am Em Am**

Gli occhi ha nella borsa e si sbuccia una pera

      G   **Am**

Quanta nostalgia

      G   **C**

a pensare a qualcuno che sta molto lontano

      G   **Am**

Madonna disperazione

          F   Em Am Em Am

Ne approfitta e ti agguanta la mano

                     F G F G F G

                     F G F G F G

                       F G A#

          A#   Gm

C'è molta poesia a stare zitti, a stare zitti

                       F

Se non si ha niente da dire

          A#   Gm

Madonna disperazione corre a disfare la piega del letto

                       F

Per andare a dormire

          A#   Gm

E la notte, la notte è finita la notte è finita in un bicchiere di birra

                       F

E diventa più scura

          A#   Gm

Madonna disperazione fa sì con la testa

                       F

E fa finta di avere paura

Em Am (x4)

G   **Am**

Che disastro esser convinti

G   **C**

Di non credere più a niente

G   **Am**

C'è madonna disperazione

F   **Em Am Em Am**

Che anche al buio ti vede e ti sente

G   **Am**

Non avere niente da leggere

G   **C**

Non avere da sognare

G   **Am**

Madonna disperazione

F   **Em Am Em Am**

È di spalle e si comincia a pettinare

G   **Am**

Quanto potresti pagare

G   **C**

Per non avere più la memoria

       G   **Am**

E non vedere Madonna disperazione

   F   **Em**   **Am Em Am**

Mentre si strucca e poi si spoglia

      G   **Am**

Ecco il giorno è finito

     G   **C**

Il quadro diventa perfetto

    G   **Am**

Perché Madonna disperazione

   F   **Em**

ha capito, ha capito e si infila nel letto

    Em Am

MAMBO

LUCIO DALLA Dalla - 1980

Em

Dov'è

A

Dov'è quel cuore dov'è

Dm

datemi un coltello un coltello per favore

A

dov'è quel cuore bandito che ha tradito

Dm

il mio povero cuore lo ha smontato e finito

Em

dov'è

A

Tu leggimi la mano e poi dimmi se il suo cuore

Dm

è vicino o se è andato lontano

A

se è in giro per l'Europa occhi neri

Dm

il suo cuore si è seccato è diventato una scopa

Em

dov'è

C#m   G#m   Am

se d'amore è proprio vero che non si muore, non si muore

B   G#m   C#m

cosa faccio nudo per strada mentre piove

B

e c'è di più, non dormo da una settimana,

C#m

per quel cuore di puttana

G#m   Am

sono andato al cinema e mi han mandato via

B   G#m   C#m

perché piangevo forte e mangiavo la sua fotografia

B   G# A

C#

tu, tu

Dm

datemi un coltello, un coltello per favore

A

dov'è quel cuore marziano

Dm

se ne è andata sbattendo la porta e avevo in mezzo una mano

A

dov'è la diva del muto

Dm

è una minaccia per tutti il suo cuore, il suo cuore ad imbuto

Em

dov'è, dov'è, dov'è

C#m   **G#m**   **Am**

scende dal tram e si avvicina e fa due passi di Mambo

B   **G#m**   **C#m**

si sente molto furba e carina dice: con te non ci rimango

C#m   **G#m**   **Am**

io col cuore in cantina, ma sono un uomo e dico: vattene via

B   **G#m**   **C#m**

leva il tuo sorriso dalla strada e fai passare la mia malinconia

C#m   **G#m**   **Am**

e porta via gli stracci, i tuoi fianchi e quella faccia da mambo

B   **G#m**   **C#m**

e la tua falsa allegria per trasformare in sorriso anche l'ultimo pianto

C#m   **G#m**   **Am**

tu, si, proprio tu, tu, si, proprio tu, che non hai mai paura

B   **G#m**   **C#m**

chiedi se qualcuno ti presta la faccia stai facendo una brutta figura

C#m   **G#m**   **Am**

Uh...uh   La mia regina del mambo

> **B**   **G#m**   **C#m**

se ci ripenso preferisco ritornare in cantina che avere te, ancora al mio

fianco.

> **F#m** **G#** **A** **Dm** **A**

Tu

MILANO

LUCIO DALLA Lucio Dalla - 1979

G   A   C   G

G

Milano vicino all'Europa

A

Milano che banche che cambi

Am

Milano gambe aperte

D   **G**

Milano che ride e si diverte

G

Milano a teatro

G

Un ole da torero

A

Milano che quando piange

Am

Piange davvero

Am

Milano Carabinieri Polizia

D

Che ti guardano severi

G

Chiudi gli occhi e voli via

Em

Milano a portata di mano

Em

Ti fa una domanda in tedesco

A

E ti risponde in siciliano

Am   **D**

Poi Milan e Benfica

G

Milano che fatica

G

Milano sempre pronta al Natale

A

Che quando passa piange

Am

E ci rimane male

D

Milano sguardo maligno di Dio

G

Zucchero e catrame

G

Milano ogni volta

G

Che mi tocca di venire

A

Mi prendi allo stomaco

Am

Mi fai morire

Am

Milano senza fortuna

D

Mi porti con te

G

Sotto terra o sulla luna

Em

Milano tre milioni

Em

Respiro di un polmone solo

A

che come un uccello

A

Gli spari lo manchi

Am

e riprende il volo

Am

Milano lontana dal cielo

D

Tra la vita e la morte

G

Continua il tuo mistero

G

A   Cm# D

G

Em

Milano tre milioni

Em

Respiro di un polmone solo

A

che come un uccello

A

Gli spari lo manchi

Am

e riprende il volo

Am

Milano perduta dal cielo

D

Tra la vita e la morte

G

Continua il tuo mistero

NOTTE

LUCIO DALLA Lucio Dalla - 1979

G

      C   **F**
Notte sempre uguale senza chitarra da fine carnevale
      C   **F**
liscia come un mare d'olio, scura come la rosa di uno scoglio
         Em
notte bianca come il vestito di una sposa
     Am   **D**
in leggera discesa, così che il corridore stanco
        G
si riposa

      C   **F**
Dura da masticare a pezzi fra i denti, notte da sputare
      C   **F**
così noiosa che si addormenta sul divano e mi viene addosso
         Em
notte fredda come la mano della morte
     Am   **D**
che prende il cuore mio e poi lo butta là,
        G
in un fosso

      C   **F**
Secca come la testa di una noce, notte senza più voce
       C
misteriosa da capo indiano che col suo cavallo veloce,

F

mi parla da un monte lontano

Em

notte di Praga con forti odori di guerra

Am   **D**

da passare volando a pochi centimetri dal grano,

G

della mia terra, terra, terra, terra.

C   **F**

Terra non più mia, da quando quella notte sei andata via

C   **F**

notte povera e provocante, che da dà fare in due tenendosi la mano

Em

notte che stai finendo lontano,

Am   **D**

portata via dal rumore di chissà

G

quale aeroplano, notte, notte, notte.

C Dm Em F

C

C A# A D G

NUVOLARI

LUCIO DALLA Automobili - 1976

G A Cm G (x2)

     G   **A**   **Cm**   **G**

Nuvolari è basso di statura, Nuvolari è al di sotto del normale

        A   **Cm**   **G**

Nuvolari ha cinquanta chili d'ossa, Nuvolari ha un corpo eccezionale

  Em   **A**   **Cm**   **G**

Nuvolari ha le mani come artigli, Nuvolari ha un talismano contro i mali

      Em   **A**

il suo sguardo è di un falco per i figli

      Cm   **G**

i suoi muscoli sono muscoli eccezionali.

G A Cm G (x2)

     G   **C G Am G**

Gli uccelli nell'aria perdono le ali quando passa Nuvolari

     G

Na, na, na, na, na, na.

G

Quando corre Nuvolari mette paura

      C   **G**   **Am**

perché il motore è feroce mentre taglia ruggendo la pianura

Am

Gli alberi della strada strisciano sulla biada

Am

sui muri i cocci di bottiglia si sciolgono come poltiglia

C   **G**   **Am**

tutta la polvere è spazzata via.

    C   **Em**   **C**   **Em**

Quando corre Nuvolari, quando passa Nuvolari,

    C   **Em**   **C**   **Em**

la gente arriva in mucchio e si stende sui prati

    C   **Em**   **C**   **Em**

Quando corre Nuvolari, quando passa Nuvolari

    C   **Em** **C** **Em**

la gente aspetta il suo arrivo per ore ed ore

    Am   **Em**   **Am**

e finalmente quando sente il rumore, salta in piedi

    Em   **Am**   **Em**

e lo saluta con la mano, gli grida parole d'amore

Am   Em   Am   Em

e lo guarda scomparire, come guarda un soldato a cavallo

Am   G

a cavallo nel cielo d'aprile.

G A Cm G (x2)

G   A   Cm   G

Nuvolari è bruno di colore, Nuvolari ha la maschera tagliente

A   Cm   G

Nuvolari ha la bocca sempre chiusa, di morire non gli importa niente.

Em   A   Cm   G

Corre se piove, corre dentro al sole, tre più tre per lui fa sempre sette

Em   A   Cm   G

con l'Alfa rossa fa quello che vuole dentro al fuoco di cento saette.

G A Cm G (x2)

G   C G Am

C'è sempre un numero in più nel destino quando corre Nuvolari

G

Na, na, na, na, naaaaaa, na.

G

Quando passa Nuvolari, ognuno sente il suo cuore vicino

                    C   G Am

in gara a Verona è davanti a Bordino

                    Am

con un tempo d'inferno, acqua grandine e vento,

                    Am

pericolo d'uscire di strada ad ogni giro d'inferno,

                    Am

ma sbanda striscia è schiacciato

             C   G   Am

lo raccolgono quasi spacciato.

                    C   Em

Ma Nuvolari rinasce come rinasce il ramarro

        C   Em   C   Em   C   G

batte Varzi e Campari, Borzacchini e Fagioli, Brilli Peri e Ascari.

                G A Cm G (x2)

OCCHI DI RAGAZZA

LUCIO DALLA Terra di Gaibola – 1970

G   Am A Am

Occhi di ragazza quanti cieli quanti mari che m'aspettano

D   G D

occhi di ragazza se vi guardo vedo i sogni che farò

G   Am A Am

partiremo insieme per un viaggio per città che non conosco

C   G

quante primavere che verranno

D   G D

che felici ci faranno sono già negli occhi tuoi

G   Am A Am

Occhi di ragazza io vi parlo coi silenzi dell'amore

D   G D

e riesco a dire tante cose che la bocca non dirà

G   Am A Am

quando ti risvegli la mattina tutto il sole nei tuoi occhi

C   G

quando si fa notte nella notte

D   G D

nei tuoi occhi c'è una luce che mi porta fino a te

       Bm   **Am**   **G**

in loro un giorno scoprirò quello che tu nasconderai.

      G   **Am A Am**

Occhi di ragazza questo viaggio prima o poi sarà finito

        D   **G D**

una spiaggia vuota senza mare io dovrò vedere in voi

      G   **Am A Am**

Occhi di ragazza quanto male vi farete perdonare

            C   **G**

l'acqua di una lacrima d'addio sarà l'ultimo regalo

            D   **G**

che da voi riceverò

            C   **G**

L'acqua di una lacrima d'addio sarà l'ultimo regalo

          D   **G D**

che da voi riceverò

PAFF... BUM

LUCIO DALLA 4 marzo e altre storie - 1976

C F G F
C F G F

 C   F   G   F   C   F G
Paff... Bum - Un tuffo in fondo al cuore

  C   F   G   F   C   F G
Paff... Bum - L'amore mio sei tu

  C   F   G   F   C   F G
Paff... Bum - È stato all'improvviso

  C   F   G   F   C   F G
Paff... Bum - E non ragiono più

       C E Am
Hai gli occhi più blu del blu

     F   C   E Am
Sorridi soltanto a me

     F   C E Am
E niente io so di te

       F   G
È meglio così

  C   F   G   F   C   F G
Paff... Bum - L'amore è tutto qui

  C   F   G   F   C   F G
Blum... Pa - L'amore è già finito

  C   F   G   F   C   F G
Blum... Pa - L'amore viene e va

  C   F   G   F   C   F G
Paff... Bum - Un po' di dispiacere

```
     C   F     G  F    C    F G
Paff... Bum -  E dopo passerà
          C  E  Am
Due occhi più blu del blu
     F    C E Am
Domani ritroverò
     F     C   E  Am
Più belli dei tuoi, lo so
          F      G
È sempre così
  C   F     G  F      C   F G
Paff... Bum -  L'amore è tutto qui
       D  F# Bm
Due occhi più blu del blu
  G    D  F# Bm
Domani ritroverò
   G      D   F# Bm
Più belli dei tuoi, lo so
          G      C
È sempre così
D  G     C  G      D G C
Paff... Bum -  L'amore è tutto qui
```

PIAZZA GRANDE

LUCIO DALLA 4 marzo e altre storie - 1976

G   D

Santi che pagano il mio pranzo non ce n'è

G

sulle panchine in Piazza Grande

D

ma quando ho fame di mercanti come me

G

qui non ce n'è

G   D

Dormo sull'erba ho molti amici intorno a me

G

gli innamorati in Piazza Grande

E   Am D

dei loro guai dei loro amori tutto so

G

sbagliati e no.

D   G

A modo mio, avrei bisogno di carezze anch'io

D   G

a modo mio, avrei bisogno di sognare anch'io

```
       G            D
Una famiglia vera e propria non ce l'ho

            G

e la mia casa è Piazza Grande

            D

a chi mi crede amore prendo amore do

            G

quanto ne ho


       (Ton.: +1 semitono)

       G#          D#
Con me di donne generose non ce n'è

            G#

rubo l'amore in Piazza grande

       F          A#m
e meno male che briganti come me

       D#      G# A#
qui non ce n'è


            D#


       D#                  G#
A modo mio, avrei bisogno di carezze anch'io
```

       Bm   **F** **A#m**

avrei bisogno di pregare Dio

           Eb   **G#**

ma la mia vita non la cambierò

        Gb **F**

Mai, mai

    A#m   **D#**   **G#**

a modo mio, quel che sono l'ho voluto io

        G#   **D#**

Lenzuola bianche per coprirci non ne ho

          G#

sotto le stelle in Piazza Grande

            D#

e se la vita non ha sogni io li ho

         G#

e te li do

      (Ton.: +1 semitono)

      A   **E**

E se non ci sarà più gente come me

         A

voglio morire in Piazza Grande

    F#   **Bm**

tra i gatti che non han padrone come me

      E   **A**

attorno a me

      E *A*

     E   **A**

A modo mio, avrei bisogno di carezze anch'io

    C#m   **F#** **Bm**

avrei bisogno di pregare Dio

      D#   **A**

ma la mia vita non la cambierò

      G **F#**

Mai, mai

    Bm   **E**   **A**

a modo mio, quel che sono l'ho voluto io

QUALE ALLEGRIA

LUCIO DALLA Come è profondo il mare - 1977

```
     C     F
```
Quale allegria se ti ho cercato per una vita senza trovarti

```
              F              A#
```
senza nemmeno avere la soddisfazione di averti per vederti andare via

```
           F   C
```
quale allegria

```
           F
```
Quale allegria, se non riesco neanche più ad immaginarti

```
              F              A#
```
senza sapere se volare se strisciare, insomma non so più dove cercarti

```
           F   C
```
quale allegria

```
           F
```
Quale allegria, senza far finta di dormire con la tua faccia sulla mia

```
                  A#
```
sapere invece che domani ciao, come stai, una pacca sulla spalla e via

```
     F   A# (x3)   F
```
quale allegria

```
     A#                        Cm
```
Quale allegria cambiar faccia cento volte per far finta di essere un

bambino

F

di essere un bambino

A#

Con un sorriso ospitale ridere cantare far casino

Cm   **F   Bb C**

insomma far finta che sia sempre un carnevale, sempre un Carnevale.

F

Senza allegria, uscire presto la mattina, la testa piena di pensieri

F

scansare macchine, giornali, tornare in fretta a casa

A#

tanto oggi è come ieri

F

Senza allegria anche sui treni e gli aeroplani o sopra un palco

illuminato

F

Fare un inchino a quelli che ti son davanti e sono in tanti

A#

e ti battono le mani

F

Senza allegria a letto insieme senza pace senza più niente da inventare

F   **A#**

esser costretti a farsi anche del male per potersi con dolcezza perdonare

F   A# (x3) F

e continuare

      A#   **Cm**

Con allegria far finta che in fondo in tutto il mondo c'è gente

con gli stessi tuoi problemi

    Cm   **D**   **A#**

e poi fondare un circolo serale per pazzi sprasolati e un poco scemi

   F Bb   **Cm**

Facendo finta che la gara sia arrivare in salute al gran finale

        Cm   **D**

mentre è già pronto Andrea con un bastone e cento denti

       A#

che ti chiede di pagare

           Cm

per tutti i pasti mal mangiati i sonni derubati i furti obbligati

      Cm   **D**

per essere stato ucciso quindici volte in fondo al viale

     A#   **F**

per quindici anni la sera di Natale.

SE IO FOSSI UN ANGELO

LUCIO DALLA Bugie - 1985

C

Se io fossi

Am

Un angelo

F   C

Chissà cosa farei

C

Alto biondo

A

Invisibile

F   Am

Che bello che sarei

D

E che coraggio avrei

C   Am   Fm   F   C

Sfruttandomi al massimo è chiaro che volerei

C   Am   F   Am

Zingaro, libero, Tutto il mondo girerei

D   C

Andrei in Afghanistan

          F   **C**

E più giù in Sud Africa

      Dm   **C**

A parlare con L'America

      F

E se non mi abbattono, anche coi russi parlerei.

      C

Angelo

      Am

Se io fossi un angelo

      F   **C**

Con lo sguardo biblico li fisserei,

      C   **A**

Vi dò due ore, due ore al massimo

      F   **A**

Poi sulla testa vi piscerei

      D   **C**   **F**

Sui vostri traffici, sui vostri dollari

      C   **D**   **F**

Sulle vostre belle fabbriche, di missili, di missili

      G# **Fm** **A#**   **Gm**   **C**

Se io fossi un angelo, non starei mai nelle processioni

      G **F** **G**

Nelle scatole dei presepi

     G#   **Fm**   **A#** **Gm**   **Cm**

Starei seduto, fumando una Marlboro, al dolce fresco delle siepi

     G#   **Fm**   **A#** **Gm**   **C**

Sarei un buon angelo, parlerei con Dio

     G   **F**   **G**   **F**

Gli ubbidirei amandolo a modo mio, a modo mio

    G   **C**

Gli parlerei a modo mio, e gli direi

   Am   **F**   **C**

    Am

I potenti

   F

Che mascalzoni

   Am

E tu cosa fai, li perdoni?

   D

Ma allora sbagli anche tu

   G

Ma poi non parlerei più

          C   Am
Un angelo non sarei più un angelo

          F   C
Se con un calcio mi buttano giù

          C   Am
Al massimo sarei un diavolo

          F   Am
E francamente questo non mi va'

          Dm
Ma poi l'inferno cos'è?

          C   F   C
A parte il caldo che fa, il caldo che fa'

          Dm
Non è poi diverso da qui,

          C   F
Perché io sento che, son sicuro che

          G#   Fm
Io so che gli angeli

          A#   Gm   C
Sono milioni di milioni,

          G   F   G   G#
E non li vedi nei cieli, ma tra gli uomini

     Fm   A#   Gm   Cm

Sono i più poveri e i più soli, quelli presi tra le reti

     G#   Fm   A#   Gm   C

E se tra gli uomini, nascesse ancora Dio

     G   F   G   F   G

Gli ubbidirei amandolo ma a modo mio, a modo mio

SIAMO DEI

LUCIO DALLA Dalla - 1980

F Gm F

F Gm F

         F   **Gm**

Siamo dei, e ci muoviamo nello spazio profondo, corriamo dietro ai tuoni, ci pettiniamo

   F   **Dm**   **Gm**

E aspettiamo la fine del mondo. Mentre tu, pover'uomo, non sei niente di speciale

         F

Devi anche lavorare e poi chiedere perdono.

  Gm   **F**   **Gm**

      F

Siamo dei, figli del sole, invece tu chi sei, tuo padre è stato il dolore.

         Gm C

Un momento, un momento, ho anch'io qualche argomento

    F

    Gm

Ho un amico che è un campione di rock e riesce a ballare per tre giorni e tre notti senza doversi fermare

                                    F

E un altro che ha la voce da basso e con una mira che ti stacca la coda

di un cane con un sasso, se lo tira

                Dm   **Gm**

                          F

E poi ho un grande amore un amore di ragazza che mi aspetta e se non

torno esce pazza dal dolore poveretta

                          Gm   **F**

Ed ogni estate do il mio voto e vado al mare e resto nudo tutto il giorno

                          Gm

                          F

Fa molto bene alla salute abbronzarsi e puoi nuotare.

Se mi vedessi quando torno

                          Gm   **C**

Ma cosa credi di fare, dove credi d'andare

                    F   **Gm**

Non hai più aria per poter respirare. Non c'è più nessuno che ti possa

aiutare

                                    F

Ed ogni giorno che vola via, scopri di avere una nuova malattia.

        Dm   Gm

                 F

Oh. Brutto uccello, ti ha mai detto nessuno che un Dio dovrebbe essere

                più bello

        Dm   Gm

                  F

E poi non ho capito l'ultima riga, non sarà che a stare sempre nello

           spazio hai imparato a portar sfiga.

          Dm   Gm

          Eh. Su quale giornale scrivi?

                             F

Noi non siamo ancora morti, se possiamo guardarci in faccia vuol dir che

                siamo ancora vivi.

              Gm   F

Siamo dei e la tua vita è un inferno o qualcosa di più atroce

          Gm   F

Potresti vivere anche tu in eterno, se ti pentissi e se abbassassi un po'

                la voce.

          Dm   Gm

Oh. Brutta specie di aeroplano, ma non ti accorgi che stando in alto

              vedi il mondo da lontano

                                        F

E per che cosa mi dovrei pentire, di giocare con la vita e di prenderla

per la coda,

                                        F

tanto un giorno dovrà finire

            Dm   **Gm**

                                F

E poi, all'eterno ci ho già pensato, è eterno anche un minuto, ogni bacio

ricevuto dalla gente che ho amato.

                        Dm Gm F

SOLI IO E TE

LUCIO DALLA Bugie - 1985

Am C
Am C
Am C

Am   D   Bm   G
Mi chiedi ancora cosa c'è
Am   D   Bm
Ma se sei triste come me o no
Am   Em   Am   F
Può capitare e menomale che
Am   D   Bm   G
Non stavi bene neanche te
Am   D   Bm
In quello schifo di locale
Am   Em
Almeno qui fuori si può respirare
C
Parlare senza urlare
Am
E nella notte camminare solo io e

Am C
te
Am C
Oh

Am   D   Bm   G
Guarda quel cane com'è attento

     Am   **D**   **Bm**
Chissà che cosa sente nel vento La notte
     Am   **Em**
o questo grande silenzio
        Am
Ma perché non ci fermiamo?
      D
È da troppo che viviamo

      G   **F**
Obbligati tra la gente
        Em
Buttati lì per caso, vivi
      G
Ma per niente
     C   **G**   **Am**
Non ci siamo più fermati' faccia a faccia nel silenzio
       D
Come adesso io e te
     G   **F**
Per sentirci abbandonati
       Em
Ma forse un po' più liberi
     G
Padroni di niente
     C   **G**
Torneremo domattina ancora tra la gente
     Am   **D**
Per adesso stiamo zitti così

Solo io Te

Am C   Am C
Teeee. Oh.

Am   D   Bm   G
E parlavano più piano, soli
Am   D   B
Sperando che la notte non finisse, il silenzio
Am   Em
Li portasse lontano
Am   F
Più lontano, così lontano, ah
Am   D   Bm   G
Magari dentro un film
Am   D   B
Di quelli belli che ti fanno star male e poi
Am   Em
Quasi senza parlare
C
Dammi ancora un altro bacio
Am   D
E han deciso di tornare

G   F
Obbligati tra la gente
Em
Buttati lì per caso, vivi
G
Ma per niente
C   G
Ma perché non ci fermiamo ancora faccia a faccia
Am   D
Nel silenzio come adesso io e te

G   F

Per sentirci abbandonati

Em

Ma forse un po' più liberi

G

Padroni di niente

C   G

Vedrai, staremo soli anche tra la gente

Am   D

Come prima, come adesso io e te

Solo io

Am C

e te

Am C

Oh

Am C

Oh

STELLA DI MARE

LUCIO DALLA Lucio Dalla - 1979

Em D (X2)

Em

Così stanco da non dormire

D

le due di notte non c'è niente da fare

Em

mi piace tanto poterti toccare

D

o stare fermo e sentirti respirare

Em   D

dormi già, pelle bianca

Em   D

come sarà la mia faccia stanca

Em

provo a girare il mio cuscino

D

è una scusa per venirti più vicino

Em

provo a svegliarti con un po' di tosse

D

ma tu ti giri come se niente fosse

Em   **D**

spengo la luce, provo a dormire

Em   **D**

ma tu con la mano, mi vieni a cercare

C#m   **A**

tu   come   me

C#m   **A**

tu   come   me

Em

che le stelle della notte fossero ai tuoi piedi

D

che potessi essere meglio di quello che vedi

Em

avessi qualcosa da regalarti

D

e se non ti avessi uscirei fuori a comprarti

Em   **D**

stella di mare, tra le lenzuola

Em   **D**

la nostra barca, non naviga vola, vola, vola.

```
        C#m        A
Tu     voli con me

        C#m      A
Tu voli con me


            D
tu vola che si è alzato il vento

            E
vento di notte, vento che stanca

            D
stella di mare come sei bella

            E
come sei bella e come è bella la tua pelle bianca, bianca, bianca


        C#m         A
tu      come   me

        C#m         A
tu      come   me

        C#m         A
Uh, tu, come    me

        C#m         A
tu      come   me


        Em
Chiudi gli occhi e non guardarti intorno
```

D

sta già entrando la luce del giorno

Em

chiudi gli occhi e non farti trovare

D

pelle bianca di luna devi scappare

Em   **D**

dormi ora, stella mia

Em   **D**

prima che il giorno, ti porti via, via, via

C#m   **A**

tu   come   me

C#m   **A**

tu   come   me

D

ora non voli si è fermato il vento

E

posso guardare la tua faccia stanca

D

e quando dormi come sei bella

E

come sei bella e come è bella la tua pelle bianca, bianca, bianca

C#m   **A**

tu   come   me

C#m   **A**

tu   *come*   *me*

C#m   **A**

tu   *come*   *me*

C#m   **A**

tu   *come*   *me*

C#m   **A**

tu   *come*   *me*

TANGO

LUCIO DALLA Lucio Dalla - 1979

Am C# F# B E

Am

Hai più preso il treno

D

io alle dieci avevo lezione di tango

E   F#m   Gm   E

quanta brillantina e coraggio mi mettevo

Am

guarda oggi come piango.

Am

Hai più preso il treno

D

quella donna che tangava con furore nei locali della croce rossa

E   F#m   Gm   E

fuori era la guerra nel suo cuore tanto tango

Am   A

da unire il cielo con la terra.

Dm

Hai più preso il treno mi son guardato intorno

C#m

ho viaggiato cento notti per arrivar di giorno

Bm

ho letto libri antichi preoccupanti

E　　　**F#m**　　　**Gm**　　　**E**

poi arrivati a Torino ci siamo commossi in tanti per quel tango

Am　　　　　**C# F# B E**

ballato dal bambino.

Am

Col coltello tra i denti il fiore in mano

D

ballava con aria di questura l'occhio lontano

E　　　**F#m**　　　**Gm**　　　**E**

stava per accadere il miracolo il cielo da nero a rosso

Am　　　**A**

ma il treno si è fermato lì non si è più mosso.

Dm

Hai più preso il treno ci siamo spinti senza avere fretta

C#m

ci siamo urlati nelle orecchie senza darci retta

Bm

mentre il tango si perdeva in un mare lontano

E   **F#m**   **Gm**   **E**

dov'è la tua testa da accarezzare dov'è la tua mano.

Dm

Ora ci mostrano i denti e i coltelli

C#m

ci bucano gli occhi non ci sono tanghi da ballare

Bm

bisogna fare in fretta per ricominciare

E   **F#m**   **Gm**   **E**

per tutte le stelle del mondo per un pezzo di pane

Dm

per la tua donna da portare in campagna a ballare

C#m

per un treno con tanta gente che parta davvero

Bm

per un tango da ballare tutti insieme

E   **F#m**   **Gm**   **E**

ad occhi aperti senza mistero

Am   **C# F# B E**

       Am   **D**

Morena è lontana e aspetta, suona il suo violino ed è felice

     E   **F#m**   **Gm**   **E**

nel sole è ancora più bella e non ha fretta

     Am   **D**   **Am**

e sabato è domani, e sabato è domani

TELEFONAMI TRA VENT'ANNI

LUCIO DALLA Q Disk - 1981

G C G   C G

Telefonami tra vent'anni io adesso non so cosa dirti

C Am C Am   G C G

non so risponderti e non ho voglia di capirti

G   C   G C

invece pensami tra vent'anni pensami

G   C   G

Io con la barba più bianca e una valigia in mano

C Em Am

con la bici da corsa e gli occhiali da sole

C Em Am   G

Fermo in un qualsiasi posto del mondo chissà dove

F   G F   G

tra miliardi, miliardi di persone a bocca aperta senza parole

F   C Em Am

nel vedere una mongolfiera che si alza piano piano

Em Am   D

e cancella dalla memoria tutto quanto è passato

G

anche le linee della mano

    C   **Em**   **Am**

mentre dall'alto un suono come un suono prolungato

    Em   **Am**

di un pensiero che è appena nato

    D   **F G F G**

si avvicina e scende giù

    C   **G**

io sarei lo stronzo quello che guarda troppo la televisione

be' qualche volta lo sono stato

    C   **G**

l'importante avere in mano la situazione

  C Em Am C Em Am G

non ti preoccupare di tempo per cambiare ce ne

  G   **C**   **G**

così ripensami tra vent'anni ripensami

        C   **G**

vestito da torero con una torta in mano

    C **Em**   **Am**

l'orecchio puntato verso il cielo

   C **Em** **Am** **G**

verso quel suono lontano, lontano

                       F   G

              ma ecco che si avvicina

        F   C   Em   Am

   con un salto siamo nel duemila alle porte dell'universo

                 Em   Am

      l'importante non arrivarci in fila

                    D   G

       ma tutti quanti in modo diverso

        F   C   Em   Am

   ognuno con i suoi mezzi magari arrivando a pezzi

                 Em   Am

      su una vecchia bicicletta da corsa

                    D   G

      con gli occhiali da sole cuore nella borsa

          G   C   Em   Am

   Impara il numero a memoria corri scrivilo sulla pelle

       Em   Am   D   G F G F G

   se telefoni tra vent'anni butta i numeri fra le stelle

         F   C   Em   Am

   alle porte dell'universo un telefono suona ogni sera

             Em   Am   D   G

   sotto un cielo di tutte le stelle   di un inquietante primavera

              C Em Am Em Am C G

TRENO A VELA

LUCIO DALLA Com'è profondo il mare - 1977

C

C

Voglio un chilo di pane

C

E un fiasco di vino

F

Le do in cambio il bambino

C

Che ho in più

G

Posso darle anche un osso

F

Non mi piace, è di cane

C

M'è passata la fame

C

M'è passata la fame

C

Quanto costa una mela

Costa un sacco di botte

F

Se mi faccio picchiare un pochino

C

La darebbe al bambino

G

Se la metterà in testa

Senza neanche capire

F

Così lei con le frecce

C

Si potrà divertire

Si potrà divertire

Am   **E**

tutte le sere, il padre e il figlio

F#m

Si tenevano per mano e poi

Am   **G#m**   **E**

poi nella notte, senza suoni e nostalgia

```
         F#m          D
Si incontravano con gli altri nella via

          Am
E senza un alito di vento

    E          F#m
A guardare quella stella là

     Am              E
Che era una stella senza luce

      F#m   Dm   F#m   B
Era quella del brodo Star


               C
        E poi via

      E          A
Di corsa fino alla ferrovia

   E       G          F#m   F
Dove al lume di candela passava un treno a vela

               E
Ringhiando, sbuffando

               D
Bimbo non piangere più


               C
Il bambino ora dorme
```

C

Sulla schiena di un cane

F

Mentre il padre sfinito

C

Gli fa aria con un dito

G

Poi c'è gente che viene dal Veneto

F

Per vedere il cantante Patrizio

C

E il suo porno comizio

C

E il suo porno comizio

C

Si è svegliato il bambino

C

A dormire ora è il cane

F

Mentre il padre da ore non parla

C

Ed ha sempre più fame

G　　　　　**C**

In un lampo la sua decisione

Am   C   F

Prende in mano un bastone

C

E comincia a volare

C

E comincia a volare

C

E comincia a volare

C   F

Na,na,na,na,na

TU NON MI BASTI MAI

LUCIO DALLA Canzoni - 1996

    C   F   C

Vorrei essere il vestito che porterai

         F   C

il rossetto che userai

      F   C   F

vorrei sognarti come non ti ho sognato mai

    C   G   Am

t'incontro per strada e divento triste

  G   F G C F C F

perché poi penso che te ne andrai

   C   F   C

Vorrei essere l'acqua della doccia che fai

     F   C

le lenzuola del letto dove dormirai

     F   C

l'hamburger di sabato sera che mangerai

       F

che mangerai

   C   G   Am

Vorrei essere il motore della tua macchina

```
       G            F G C
```
così di colpo mi accenderai

```
      Am   G      F    C
```
Tu, tu non mi basti mai

```
      Am      G        Fm
```
davvero non mi basti mai

```
      Am   G    F    C
```
Tu, tu dolce terra mia

```
      Dm      C      G
```
dove non sono stato mai

```
   C G# D# A# C F D# A#

        C F C F
```

```
       C       F          C
```
Debbo parlarti come non faccio mai

```
          F            C
```
voglio sognarti come non ti sogno mai

```
          F         C
```
essere l'anello che porterai

```
          F         C
```
la spiaggia dove camminerai

<pre>
        F   C
</pre>
lo specchio che ti guarda se lo guarderai

<pre>
        F
</pre>
lo guarderai

<pre>
    C   G   Am
</pre>
Vorrei essere l'uccello che accarezzerai

<pre>
    G   F G C F C F
</pre>
e dalle tue mani non volerei mai

<pre>
    C   F   C
</pre>
Vorrei essere la tomba quando morirai

<pre>
        F   C
</pre>
e dove abiterai

<pre>
        F   C F
</pre>
il cielo sotto il quale dormirai

<pre>
    C   G   Am
</pre>
così non ci lasceremo mai

<pre>
    G   F G C
</pre>
neanche se muoio e lo sai

<pre>
    Am   G   F   C
</pre>
Tu, tu non mi basti mai

<pre>
    Am   G   Fm
</pre>
davvero non mi basti mai

Am   G   F   C

Io, io, io ci provo sai

Dm   C   G

non mi dimenticare mai

C F G C F G

TU PARLAVI UNA LINGUA MERAVIGLIOSA

LUCIO DALLA Anidride solforosa - 1975

       C   G

I sassi della stazione sono di ruggine nera

   Gm   F

Sto sotto la pensilina dove sventola adagio una bandiera

     Fm

In un campo una donna si china

     C

Su due agnelli appena nati

     D

Striscia al vento nudo sopra il fuoco

     G

Il fuoco violento dei prati

     C

Un uccello isolato

     Cm

Raccoglie sopra un vagone abbandonato

     Gm

Il cielo grande d'ottobre

F

E gli strappa il fianco bianco e gelato

Fm   **C**

Intorno, dopo la notte, ci sono tronchi sporchi di mosto

D   **G**

E mille macchine in fila Laggiù, in un deposito nascosto

C   **Cm**

Apro il giornale e provo a leggere Per nascondermi un poco

Gm

Mentre lei parla ad un uomo

F

Ed io riconosco il suo suono un poco roco

Fm

Chiudo il giornale la guardo

C

Lei è voltata e non mi vede

D

I capelli sono biondi e sono tinti

G

Dunque lei alla vita non cede

    C F Dm   **G**   **C**

Vuoi guardarmi? Occhio della mente, occhio della memoria

    C F Dm   **G**   **C**

Una donna è vecchia quando non ha più giovinezza

    C F Dm   **G**   **E**   **Am**

E ascolto la marea del cuore perché siamo vicini

    D   **G**

L'ho ritrovata per caso ma non è più una ragazza

    C   **Cm**

Vorrei chiamarla e dirle Le volpi con le code incendiate

    Gm   **F**

non parlano ma gridano pazze fra gli alberi per il dolore

    Fm   **C**

Sediamoci per terra oppure là sopra panchine imbiancate

    D   **G**

Sediamoci sopra un letto di foglie secche ed ascoltiamo il nostro cuore

    C   **Cm**

Ci siamo scordati e perduti Ti ritrovo adesso all'improvviso

    Gm   **F**

Dentro una piccola stazione In un giorno grigio d'ottobre

       Fm   **C**

Tu non mi guardi neppure Io solo ho l'inferno nel cuore

               D   **G**

Perché la vita è una goccia che scava la pietra del viso

              C   **Cm**

Ogni mattina, ogni sera Io parto e ritorno da solo

            Gm   **F**

Come il ragazzo che ero non posso più bruciare in un volo

          Fm   **C**

Il treno arriva si ferma la mia ombra sale, parte, scompare

       D   **G**

Io ti vedo giovane ancora come in un sogno dileguare

VITA

LUCIO DALLA Dalla/Morandi - 1988

     Em   **Bm**

Vita in te ci credo   le nebbie si diradano ed oramai ti vedo

     Bm   **Cm**

Non è stato facile   uscire da un passato che mi ha lavato l'anima

     Bm   **A#m**   **Am**   **B**

Fino quasi a renderla un po' sdrucita

     Em   **Bm**

Vita io ti vedo   tu così purissima   da non sapere il modo

     Bm   **Cm**

L'arte di difendermi   e così ho vissuto quasi rotolandomi

     Bm   **A#m**   **Am**   **B**

Per non dover ammettere   d'aver   fallito

     Em   **Cm**

Anche gli angeli   capita, a volte sai   si sporcano

     Cm   **Am**

Ma la sofferenza tocca il limite   e così cancella tutto

     Bm   **B**

E rinasce un fiore sopra un fatto brutto

      Em   **Cm**

Siamo angeli   con le rughe un po' feroci sugli zigomi

        Cm   **Am**

Forse un po' più stanchi ma più liberi, urgenti di un amore

       Bm   **B**

Che raggiunge chi lo vuole respirare

      Em   **Bm**

Vita io ti credo   dopo che ho guardato a lungo adesso io mi siedo

       Bm   **Cm**

Non ci son rivincite   ne dubbi né incertezze ora il fondo è limpido

     Bm   **A#m**   **Am** **B**

Ora ascolto immobile le   tue   carezze

        Em   **Cm**

Anche gli angeli   capita, a volte sai   si sporcano

       Cm   **Am**

Ma la sofferenza tocca il limite   e così cancella tutto

       Bm   **B**

E rinasce un fiore sopra un fatto brutto

      Em   **Cm**

Siamo angeli   con le rughe un po' feroci sugli zigomi

                    Cm   Am
Forse un po' più stanchi ma più liberi, urgenti di un amore

                    Bm   B
Che raggiunge chi lo vuole respirare

WASHINGTON

LUCIO DALLA Viaggi organizzati - 1984

Am   Bm   (x4)

Am

Sto andando a Washington

Bm   E

ma cosa vado a fare non lo so

C

volo molto in alto

G

non vedo niente

Am   Bm Am

non si vede un accidente da qui

Am

Lei ha gli occhi a mandorla

Bm   E

e una faccina piccola così

C

è con i suoi fratelli

G

piccolina come quelli

Am

vuoi vedere la foto che ho con me

Dm   Am

ma cos'è che sta volando, sembra una pallina

```
        Dm                          Am
qualcosa sta ancora volando e lentamente si avvicina
        Em                    D#m
ogni piccolo movimento spara
   Dm                          D#m
prima che l'altro faccia lo stesso con te
        Em                 D#m
ogni piccolo sentimento spara
        Dm                    C
è meglio non chiedersi niente, stavolta
        G         Am
voglio vedere chi è


        Am  Bm
        Am  Bm


             Am
   Son partito da London City
        Bm              E
dove c'erano i Beatles e il rock 'n roll
             C
   ero una macchina negra
             G
   adesso mi chiamano zebra
        Am                    Bm  Am
da quando mi han messo le braccia, di un bianco di nome John


        Am
   Tu vuoi andare a Washington
        Bm           E
   ma cosa vai a fare laggiù
```

           C   **G**

è solo un sasso non si vede un casso

            Am

non è rimasto in piedi più niente, nemmeno là

      Dm   **Am**

chissà se mi stai ascoltando, è una bella mattina

      Dm   **Am**

chissà se anche lui sta pensando, eccolo lì che si avvicina

      Em   **D#m**

ogni piccolo movimento spara

    Dm   **D#m**

prima che l'altro faccia lo stesso con te

      Em   **D#m**

ogni piccolo movimento spara

    Dm   **C**

ma qui non si muove più niente, non è rimasto nessuno

      G   **Am**

siamo solo io e te, io e te, io e te

      D   **C E**

U, u, uuu

      D   **C E**

U, u, uuu

      D   **C E**

U, u, uuu

Am **Bm**

- **Biografia di Lucio Dalla**

Lucio Dalla nasce a Bologna il 4 marzo 1943.Il suo debutto nella canzone avviene nel 1964 grazie all'interessamento di Gino Paoli che ha intenzione di fare di Dalla il primo cantante soul italiano e lo indirizza verso questo genere. Gli anni dal 1965 al 1970 lo vedono impegnato su più fronti, da quello della sperimentazione che spesso entra in contatto con il movimento beat, a quello cinematografico ("Altissima pressione" di Enzo Trapani del 1965, "I sovversivi" dei fratelli Taviani del '67, "Little Rita nel West" di Baldi sempre del 1967, "I ragazzi di Bandiera Gialla", "Quando dico che ti amo", ecc.), e soprattutto a quello delle prime composizioni musicali che si avvalgono dei testi di autori come Sergio Bardotti, Gianfranco Baldazzi e Paola Pallottino. Nel 1970 il primo successo come compositore: Gianni Morandi incide la sua "Occhi di ragazza" e la porta in vetta alle classifiche di vendita.

Il 1971 segna l'inizio della sua irresistibile ascesa: al Festival di Sanremo presenta "4/3/1943", ribattezzata da tutto il pubblico "Gesù Bambino". Seguono "Piazza Grande", "Il gigante e la bambina" e "Itaca", tutti brani destinati ad entrare nel suo immenso repertorio. Dal 1974 al 1977 collabora con il poeta bolognese Roberto Roversi. La testimonianza di questo sodalizio è affidata a tre album "storici": "Il giorno aveva cinque teste", "Anidride solforosa" e "Automobili".

Nel 1977, con l'album "Come è profondo il mare", Dalla debutta anche come autore dei testi delle proprie canzoni, inaugurando la sua "stagione cantautorale" a pieno titolo.

Arriva il grande consenso popolare, un trionfo incondizionato reso tale anche da immensi tributi di stima che l'artista raccoglie nel successivo "Lucio Dalla" (1978) e in "Banana Republic", la tournée – evento (e relativo disco dal vivo) del 1979 con Francesco De Gregori.

Seguiranno: "Dalla" (1980); "Lucio Dalla Q-disc" (1981); "1983" (1983); "Viaggi organizzati" (1984); "Bugie" (1986) e "Dallamericaruso" (1986), doppio dal vivo con la canzone-capolavoro "Caruso", unanimemente riconosciuta come una delle più belle mai scritte nella storia della musica contemporanea, venduta in nove milioni di copie in tutto il mondo in decine di versioni. L'interpretazione di Luciano Pavarotti ne suggella l'infinita grandezza.

Il biennio 1988 – 1989 è tutto dedicato al progetto Dalla-Morandi: disco e tournée registrano un altro grande successo.

Nel 1990 la canzone "Attenti al lupo", inserita nell'album "Cambio", detiene il record di vendite in Italia con quasi 1.400.000 copie. Segue il tour, documentato nel live "Amen" e, nel 1994, l'album "Henna". Il 1996 è l'anno di un altro significativo traguardo discografico: l'album "Canzoni" supera 1.300.000 copie classificandosi come l'album più venduto del decennio in Italia.

Oltre ad essere autore e interprete di canzoni di assoluto valore, Lucio Dalla ha mostrato in più occasioni di essere eclettico e geniale in altri campi, tanto da intraprendere vere e proprie carriere parallele, come ad esempio quella di compositore di musiche da film per Monicelli, Antonioni, Giannarelli, Verdone, Campiotti, Placido e altri. Per non parlare poi delle sue avventure nel linguaggio televisivo che lo hanno portato ad ideare programmi di successo come "Taxi" (Raitre), "Te voglio bene assaje" (Raiuno), "Mezzanotte: angeli in piazza" (Raiuno), fino a "La Bella e la Bestia" (Raiuno, 2002) con Sabrina Ferilli.

Ha curato inoltre per anni una galleria d'arte contemporanea a Bologna, la NO CODE, sede di eventi e happening extra-musicali, mentre non potevano rimanere fuori dal suo campo di azione la musica jazz e la classica: della prima non si contano le collaborazioni, molte delle quali rimaste anonime;

della seconda ricordiamo la sua versione di "Pierino e il lupo" di Prokofiev (1997) rappresentata con grande successo anche a Roma nell'Auditorium di Santa Cecilia. Nelle estati del 1998 e 1999 è in tournée con la Grande Orchestra Sinfonica di 76 elementi diretta dal maestro Beppe D'Onghia con la quale rilegge i brani più famosi del suo repertorio.

Nel 1999 esce il nuovo album "Ciao" seguito, nel 2000, da un tour che registra ovunque il tutto esaurito.

Il 2001 è l'anno di "Luna Matàna". Lo stesso anno, l'editore Einaudi dedica a Lucio Dalla un cofanetto contenente tutti i testi delle canzoni e un video: "Parole e canzoni", curato da Vincenzo Mollica.

In concomitanza del suo 60° compleanno nel marzo 2003, esce il DVD "Retrospettiva" (videoclip, filmati live, rarità televisive, galleria fotografica, basi musicali e testi delle canzoni). Ma il 2003 è anche il momento di "Tosca. Amore disperato" (www.toscamoredisperato.it), l'opera totalmente inedita che Dalla scrive ispirandosi alla "Tosca" di Puccini, considerata una delle più grandi rappresentazioni teatrali mai realizzate,

La straordinaria creatività di Dalla non si ferma qui: alla fine del 2003 esce infatti anche il suo nuovo album "Lucio", titolo che rimanda a lavori mitici come "Dalla" e "Lucio Dalla".

Gli anni che seguono continuano ad esprimere al meglio la sua ecletticità: propone, nei maggiori teatri e spazi italiani, i suoi classici in versione jazz attraverso una serie di concerti accompagnato da una straordinaria formazione di grandissimi musicisti: Stefano Di Battista, Dedè Ceccarelli, Julian Mazzariello, Rosario Bonaccorso. Ma torna anche alla recitazione, interpretando il ruolo di Sancho Panza nel film "Quijote" con la regia di Mimmo Paladino (presentato al Festival di Venezia) e del Cardinale Agostino Salvetti nella fiction di Rai Uno "Artemisia Sanchez" (dicembre 2008).

Cura inoltre la regia teatrale dell'Opera lirica Arlecchino di Ferruccio Busoni, e del Pulcinella coreografico di Igor Stravinskij, entrambe presentate al Wexford Opera Festival in Irlanda.

Il 6 ottobre 2006 la Sony/Bmg pubblica un triplo cd contenente oltre 50 tra i suoi più grandi successi e 3 brani inediti (subito balzato ai primi posti delle classifiche di vendita): il titolo è" 12,000 lune" e la copertina è disegnata da Milo Manara.

A quattro anni dal precedente "Lucio", esce nel 2007 "Il contrario di me". L'album, pubblicato dalla Sony/Bmg e prodotto da Marco Alemanno, contiene 11 nuove canzoni, fluide, ispirate, intense, "dalliane" nel senso di quella unicità che ha scritto un pezzo di storia della musica italiana.

Nel 2008 Lucio Dalla torna alla regia teatrale per il Teatro Comunale di Bologna con la "Beggar's Opera", rivisitazione del testo di John Gay del 1760 da cui Bertold Brecht trasse "L'opera da tre soldi". Ma trova anche il tempo per dedicare uno spettacolo a Benvenuto Cellini nel concerto teatralizzato "Dalla o Cellini?" rappresentato in anteprima sul Ponte Vecchio di Firenze, e di musicare i versi di Alda Merini dedicati a San Francesco nel suggestivo spettacolo di poesia e musica "Francesco. Canto di una creatura" presentato lo scorso ottobre nella Basilica Superiore di Assisi.

Anche lo sport, sua passione da sempre, lo vede protagonista in questo anno: suo è infatti l'inno del Coni per le Olimpiadi di Pechino 2008.

Il 29 ottobre 2008 Bompiani pubblica "Gli Occhi di Lucio", un libro che nasce dalla collaborazione di Lucio Dalla con Marco Alemanno, corredato da un cd ed un dvd con contributi inediti.

In occasione Festival di Sanremo 2009, Lucio Dalla accompagna in qualità di padrino tra le "Proposte" la sua storica vocalist Iskra Menarini con il brano "Quasi amore" (di R. Costa – L. Dalla – M. Alemanno).

Ad agosto riparte il tour della sua "Tosca" che riscuote un enorme successo in occasione delle rappresentazioni al Festival Pucciniano di Torre del Lago ed all'Arena di Verona, e che arriverà con uguale seguito al Teatro degli Arcimboldi di Milano.

Il 6 novembre del 2009, ad oltre due anni di distanza dal precedente "Il contrario di me", viene pubblicato il nuovo album "Angoli nel cielo" che racchiude 10 nuovi brani. Si tratta di uno dei dischi più intensi del cantautore bolognese, sia per la qualità musicale che per la profondità delle tematiche affrontate.

Il 16 gennaio 2010 Lucio Dalla debutta in una nuova avventura televisiva: è "L'angolo nel cielo", fiction show in onda il sabato sera su SkyUno.

Il 22 gennaio dello stesso mese è sul palco del Vox Club di Nonantola insieme a Francesco De Gregori, per il primo di una serie di concerti del "Duemila dieci Dalla De Gregori Work in progress tour" che durante tutta l'estate 2010, fino a settembre, sarà sold out in 31 città italiane, a Zurigo e a Lorrach in Germania. Il 30 novembre il tour inaugura la sua fase invernale al Teatro degli Arcimboldi di Milano: il primo di una serie di appuntamenti nei più importanti teatri storici italiani accompagnati sera dopo sera dalla straordinaria partecipazione di un pubblico emozionato nel rivedere compiersi il miracolo dei due grandi artisti su uno stesso palco a distanza di oltre trent'anni dall'avventura di "Banana Republic".

Immediata conseguenza di questo successo on stage è l'attenzione che riscuotono i due brani inediti che nascono da questa rinnovata collaborazione: a fine giugno arriva nelle radio "Solo un gigolò", mentre in autunno è la volta di "Non basta saper cantare".

Il 16 novembre viene quindi pubblicato "Dalla De Gregori Work in progress", doppio cd live + il dvd "Back to Back" con i contributi video girati durante il tour.

Nel 2011 l'incontro con Pierdavide Carone, il giovane talento pugliese rivelatosi nella trasmissione "Amici" di Maria De Filippi, fa ritrovare a Lucio l'entusiasmo della produzione di un nuovo artista. Dalla collaborazione nasce un album, "Nanì e altri racconti", anticipato dal brano "Nanì" che Pierdavide presenta al Festival di Sanremo 2012. Dalla è al Festival e supporta il suo artista duettando in brevi passaggi del brano e dirigendo l'Orchestra. Nove giorni dopo, il 27 febbraio 2012, Lucio Dalla parte per quello che sarebbe dovuto essere un lungo tour europeo. Purtroppo le date saranno solo tre: Lucerna, Zurigo e Montreaux dove Lucio Dalla muore di infarto il 1° marzo, tre giorni prima del suo 69mo compleanno.

Fonte: luciodalla.it

Photo by Roberto Serra / Iguana Press

Prontuario dei principali accordi per chitarra

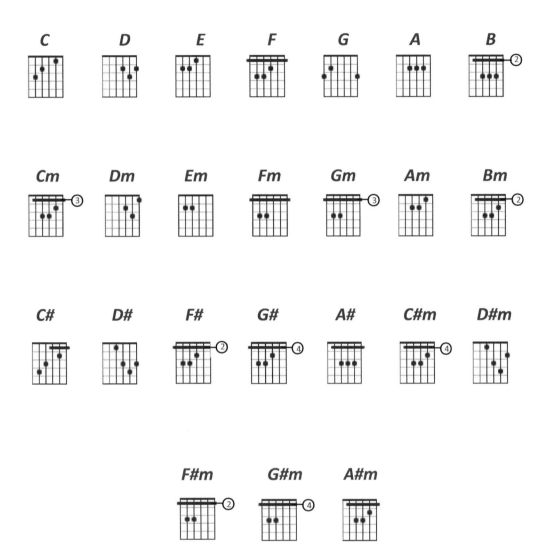

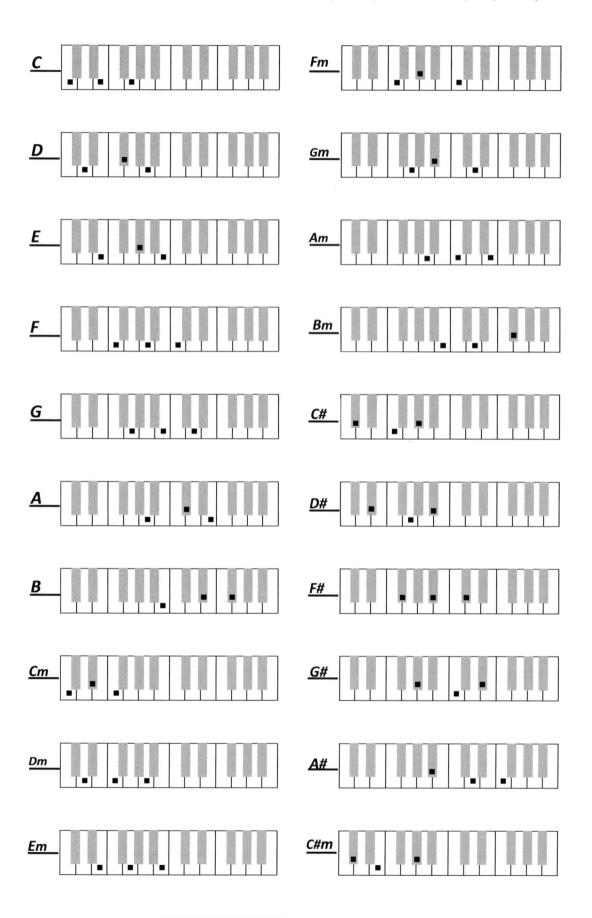

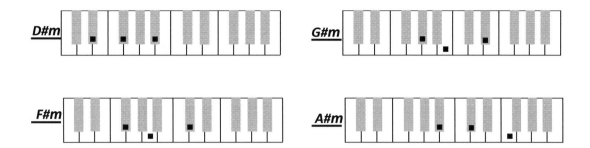

Printed by Amazon Italia Logistica S.r.l.
Torrazza Piemonte (TO), Italy

56362765R00114